《大学生职业生涯规划》学习辅助读本

从现在开始决定未来

——漫话职业生涯规划与发展

李从国 著

马晗冰 项俊杰 王晨星 绘

河南大学出版社
HENAN UNIVERSITY PRESS

·郑州·

图书在版编目（CIP）数据

从现在开始决定未来：漫话职业生涯规划与发展 / 李从国著；马晗冰，项俊杰，王晨星绘 . -- 郑州：河南大学出版社，2022.8

ISBN 978-7-5649-5228-0

Ⅰ. ①从… Ⅱ. ①李… ②马… ③项… ④王… Ⅲ. ①大学生－职业选择 Ⅳ. ① G647.38

中国版本图书馆 CIP 数据核字 (2022) 第 128284 号

责任编辑	郑 鑫 刘利晓
责任校对	李亚涛
封面设计	郭 灿
出版发行	河南大学出版社
	地址：郑州市郑东新区商务外环中华大厦2401号
	邮编：450046 电话：0371-86059701（营销部）
	网址：hupress.henu.edu.cn
排 版	河南大学出版社设计排版部
印 刷	郑州印之星印务有限公司
版 次	2022年8月第1版　　印 次　2022年8月第1次印刷
开 本	710 mm×1010 mm 1/16　　印 张　16.5
字 数	252千字　　定 价　39.00元

版权所有，侵权必究

本书如有印装质量问题，请与河南大学出版社营销部联系调换。

序 言

职业是人生中重要的、居于核心位置的活动。一个人的职业生涯状况体现了经济社会发展的大环境和个人素质条件与各种努力的多方面内容。个人职业生涯的顺利与成功则是人感受幸福和体验成功的重要源泉。促进人的充分就业和职业生涯的顺利发展与实现成功，也成为社会进步的明显标志和政府工作的重要责任。

我国改革开放以来经济社会发展有了非常巨大的进步，在多个领域迅速腾飞，创造了辉煌，中华民族正在富起来、强起来，为全人类的发展做出了巨大的贡献。我们的高等教育就是一个突出的范例。40年前我国恢复高考之年招收大学生20万人，现今我们一年的大学毕业生数量就达到1000余万人！这正是我国经济迅速腾飞、取得了大大高于人口红利之后更具推动力的"工程师红利"的人才基础。

在市场经济的运行环境下，在社会进步的大潮中，职业生涯教育就成为我国高等教育繁荣与发展必不可少的重要内容。

摆在大家面前的这本《从现在开始决定未来——漫话职业生涯规划与发展》，就是我国高等院校探索职业生涯教育的一项可喜成果。这本吸引读者的职业生涯教材配套读本突出体现了高校职业生涯教育应当具备的方向性、教育性、系统性、主体性和实效性。

首先，本书体现了清晰的方向性。毫无疑问，作为职业生涯课程学习的教辅材料能够很好地帮助大学生们思考未来的职业方向，更好地完成学业，更好地促进未来的人生发展，而且有利于学生认识我国经济社会发展的大格局，配合思政教育，提高学生综合素质。

其二,这本漫画式的职业生涯课程读本是全国首创,内容饶有兴味,这些生动又丰富的内容能引起学生和教师的多方思考,教育性突出。作为一本漫画式教学材料,无论在形式还是内容上都具有亲和性,亲和性更促进了教育性的达成。

其三,作为高校教材,本书具有系统性。本书基于职业生涯规划课程教学大纲,与主教材紧密呼应,注重知识点,能够促进师生对主教材的关注与深入理解。

其四,漫画书中人物的动作举止与对话(这本漫画其实重点在"话",故名"漫话职业生涯规划与发展"),易引起阅读者的共鸣,让学生代入自己,体现了学生主体论的重要理念。

其五,教材使用的实效性。"学而时习之,不亦说乎。"同学们看此画并思考此"话",积极思维,有利于正确价值观的形成,有利于职业生涯方向的正确选择,有利于学习积极性的提升,有利于时间观念的形成……总之,有利于大学生职业生涯规划课程学习与产生实效。

我为本书作者点赞!李从国现任河南大学就业创业指导中心主任。他长期关注和研究职业生涯发展教育和就业创业问题,从2003年起开始就业创业指导工作。我们2008年相识,我与他亦师亦友。我知道他入选首批"全国万名优秀创新创业导师人才库";祝贺他参加"首届全国高校教师教学创新大赛就业指导课程教学赛事"总决赛荣获二等奖;我全力支持他担任河南大学全国高校"职业生涯咨询特色工作室"负责人。我见证了他在职业生涯教育领域的不断成长进步,已经成长为一名德才兼备、双肩挑的高校就业管理工作者与职业生涯规划课程教师。参与绘画的马晗冰、王晨星、项俊杰三位同学是河南大学美术学院视觉传达设计专业2019级、2020级的本科生。在绘制过中,他们不仅显示出良好的专业素养和绘画功底,而且在本书的创作中进一步得到发挥与提升。与此同时,他们在理解表达教材内容、完成绘制工作的过程中,自身也受到一次深刻的职业生涯教育,还为学校的课程建设和教学改革作出了贡献。我从事就业与职业生涯规划教学与研究30多年,对从国同志的创新理念和务实工作及同学们的出色表现深感欣慰。

河南大学是一所有着长达110年历史的著名高校,用她厚重的文化底蕴熏陶着一代代优秀学子。我作为河南大学兼职教授深感荣幸。我特别关注学校人才培养和职业生涯规划就业创业指导领域。我了解到，河南大学是在河南省乃至在全国较早开展大学生职业生涯发展教育与就业指导教学的高校之一，早在2003年，学校就拉开了课程研究和教学的序幕。这些年，学校围绕落实"立德树人"的根本任务，秉持"中西融合、家国情怀、知行合一"的教育理念，进行课程建设升级和教学改革创新，取得了丰硕成果。近年来，学校更加重视"就业育人"，用职业生涯发展教育唤醒学生的就业自觉和实际行动，推动毕业生更加充分更高质量就业，得到了社会的广泛认可和上级部门的充分肯定。学校先后获得"全国毕业生就业典型经验50强高校""全国首批深化创新创业教育改革示范高校""全国创新创业典型经验50强高校"等荣誉称号。

顺应新时代的前进脚步，河南大学注重创新发展。我知悉学校正在着力推进大学生生涯发展教育"FEAP模式"教学探索，通过"三观导入""四维建基"构建教学创新范式，即强化"三观"教育开展课程思政建设；按照"根本、感受、关注、激励"四个基础维度进行教学改革，推动学生达到"国家要我该怎样？学习使我能怎样？社会需我能怎样？环境带我能怎样？"的成长要求。这种做法被证实成效显著。在2021年8月"首届全国高校教师教学创新大赛·就业指导课程教学赛事"中，该校代表河南省参加总决赛，具体展示了职业生涯发展教育教学改革成果，得到同行评审专家的认可。2021年河南大学《职业生涯规划》课程被评为河南省就业创业金课，今年被推荐到全国参与金课评审。由该校牵头申报的河南省普通高校大学生就业创业教材获批河南省"十四五"重点规划教材。2022年该校成功入选全国高校职业生涯咨询特色工作室。成果多多、让人欣慰。本书作为校编本土化系列教材之一，也是又一个有力的例证！

祝从国同志努力工作再创佳绩、更攀高峰！祝同学们未来职业生涯发展顺利、事业成功！

（中国人民大学教授、博士生导师）

2022年7月25日

　　李从国，河南大学就业创业指导中心主任。长期关注和研究大学生职业发展教育与就业创业问题。入选首批"全国万名优秀创新创业导师人才库"；荣获"首届全国高校教师教学创新大赛就业指导课程教学赛事"总决赛二等奖；担任河南大学全国高校职业生涯咨询特色工作室负责人。首批"河南省大学生创业指导名师"，受聘"河南省首届职业指导专家团成员"。2021年度"河南省教育厅优秀教育管理人才"。

目 录
CONTENTS

第一模块　生涯认知

第一章　生涯意识培养……………………………………002
　　第一节　文化传承………………………………………003
　　第二节　规律力量………………………………………014
　　第三节　理论精髓………………………………………026

第二章　生涯阶段划分……………………………………037
　　第一节　生活领域………………………………………038
　　第二节　人生阶段………………………………………047

第三章　学生时代过往……………………………………054
　　第一节　中学时光………………………………………055
　　第二节　大学模样………………………………………067

第二模块　生涯探索

第四章　知己………………………………………………083
　　第一节　兴趣是最好的老师……………………………084
　　第二节　性格影响命运…………………………………093
　　第三节　一招鲜吃遍天…………………………………102
　　第四节　选择决定出路…………………………………111

第五章　知势………………………………………………121
　　第一节　外面的世界很精彩……………………………122
　　第二节　外面的世界很无奈……………………………132

第六章　知路 141
　　第一节　人是追寻目标的动物 142
　　第二节　条条大路通罗马 151

第七章　知策 160
　　第一节　做最聪明的决定 161
　　第二节　无规划不成功 170

第三模块　生涯管理

第八章　求职行动 180
　　第一节　先有伯乐后有千里马 181
　　第二节　做行动的巨人 190

第九章　自我管理 201
　　第一节　时间都去哪了 202
　　第二节　为什么压力山大 211
　　第三节　做情绪的主人 220

第四模块　生涯发展

第十章　提升方案 230
　　第一节　职场小白不相信眼泪 231

第十一章　发展规划 242
　　第一节　也做职场"杜拉拉" 243

第一模块　生涯认知

"生"即活着，"涯"即边界。

生涯就是人的一生。

人的一生看似漫长，却又极其短暂。

在人生的舞台上，每个人每天都在扮演着真实的自己。个人角色没有替身，专属自己连续剧不能重播，也无法重演。属于自己的独特而完整的"生涯彩虹图"只有后人才能看到。

第一章　生涯意识培养

　　有人说，佛前的灯，不必刻意去点，最重要的是，点亮自己的心灯。一个人能够通过学习锻炼，实现职业觉醒，理性地进行人生规划，明确自己的起跑点及目的地，选择最适合自己的方式，按部就班就能跑向成功。生涯规划的目的，在于掌握住现在，看得见未来。不敢说没有规划的人生就一定不会成功，但是可以说，没有规划的人生注定不会有大的成功！

第一节 文化传承

人类文明灿若星辰,中华文化源远流长。其中有很多关于生涯规划与发展的论述,采撷其中的一些精彩片段,管中窥豹,就能给我们很多启发,引发我们的思考。

第一节 文化传承

有涯与无涯

第一节 文化传承

有心与无心

第一节 文化传承

有实与无实

第一节　文化传承

有才与无才

第二节 规律力量

在人生的每个阶段，你的学习、生活、工作和娱乐等等行为都要受到来自内部和外部影响因素的制约，你的一切行为要尊重自然规律，敬畏生活法则。

第二节 规律力量

昼夜更替

四季轮回

春天播种理想

夏天呵护成长

秋天收获果实

冬天孕育希望

第二节　规律力量

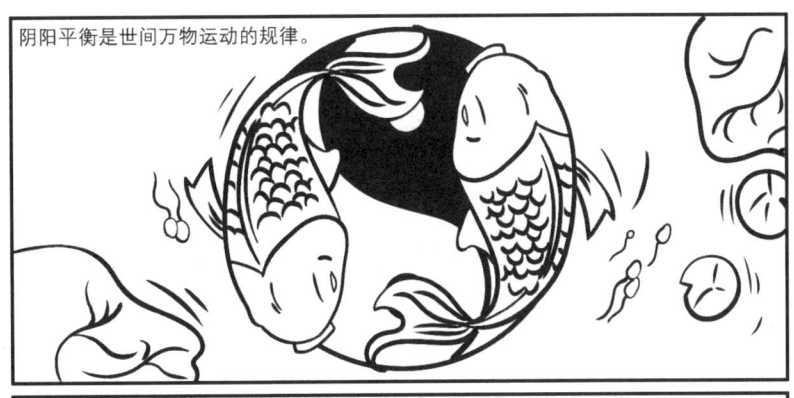

阴阳平衡是世间万物运动的规律。

凡是向阳的、外向的、明亮的、上升的、温热的、运动的，都属于阳。

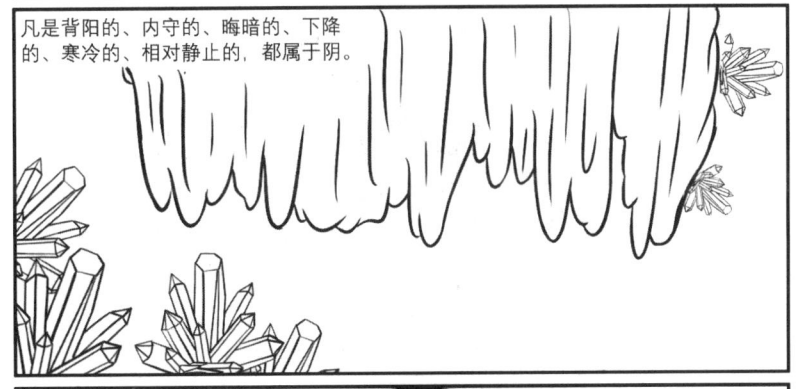

凡是背阳的、内守的、晦暗的、下降的、寒冷的、相对静止的，都属于阴。

阴阳对立统一、相互制约，此消彼长。

阴阳平衡

017

第一章　生涯意识培养

年龄节点

人的年龄在不同阶段,会体现出不同的主要特征以及需要完成不同阶段的主要发展任务。

22岁之前,第一青春期,是人生观形成的重要时期。

28岁之前,学习结束,走向社会,要发现和把握人生机会。

45岁之前,进入第二青春期,按内心召唤重新调整人生方向,找到职业锚,迈向人生巅峰期……

第二节 规律力量

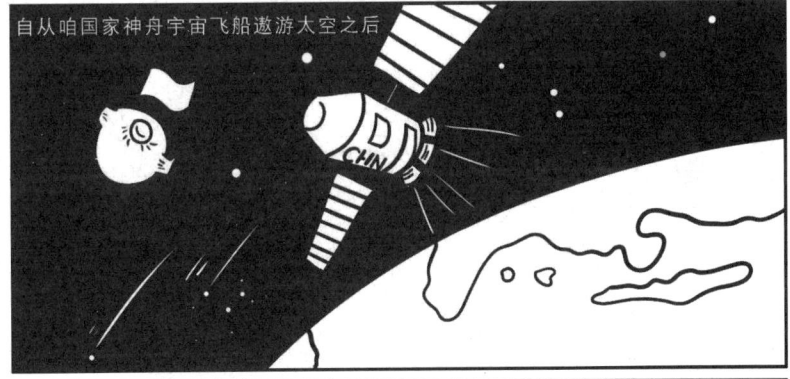

幻想时代

第二节 规律力量

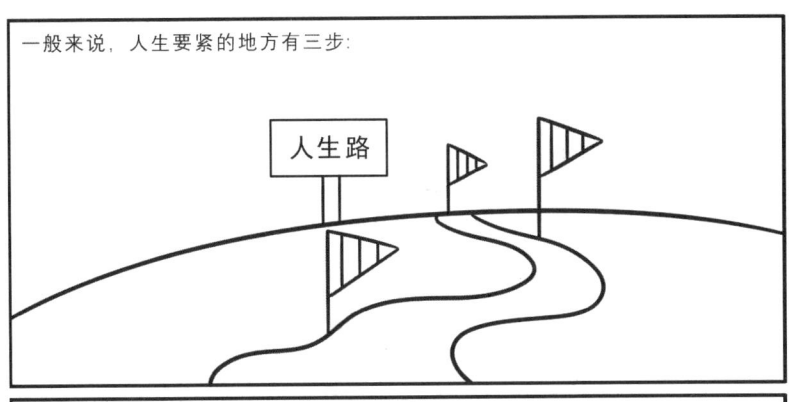
一般来说,人生要紧的地方有三步:

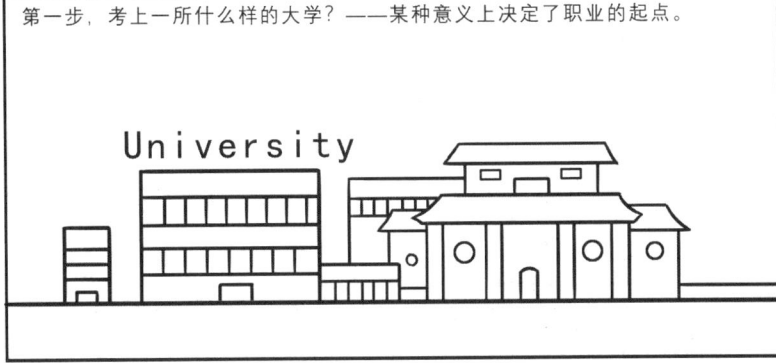
第一步,考上一所什么样的大学?——某种意义上决定了职业的起点。

第二步,找一份什么样的工作?——一定程度上决定了事业的发展。

第三步,建立一个什么样的家庭?——基本能够决定后半生的幸福。

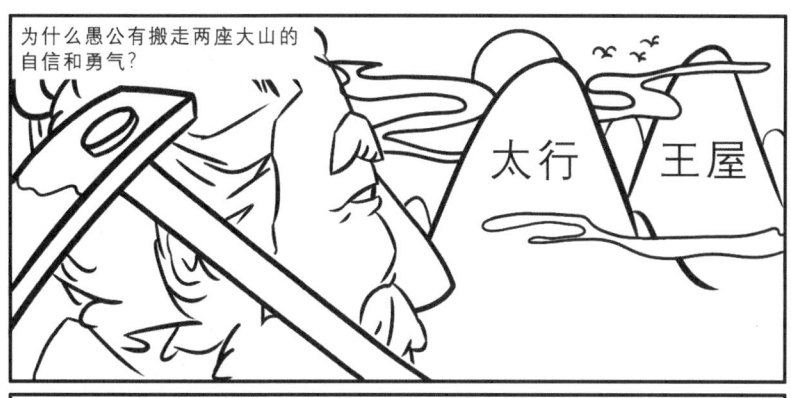

职业生涯

就是如果你愿意,你在生命里能够用来从事某种职业的那段时间。

如果你从22岁,大学本科毕业就能找到工作开始计算,到你退休之前,屈指可数也就38年!

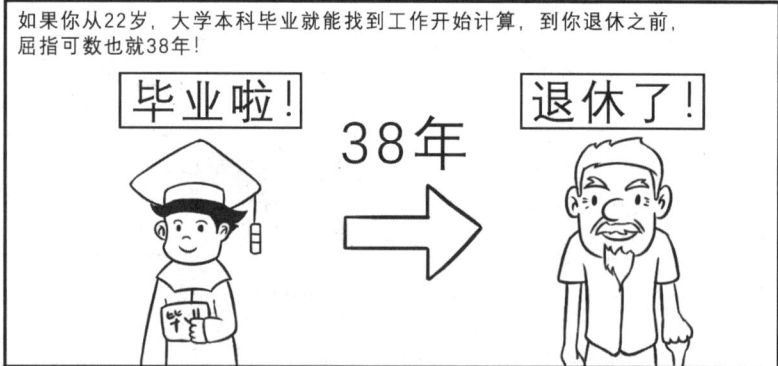

呃,对了,可能会延迟退休,那就再增加一点点。

第二节 规律力量

职业周期

一般职业生涯周期都分为五个阶段：成长、探索、确立、维持、下降。

也有人划分为八个阶段：职前期、职初期、挫折期、构建期、成长期、稳定期、消退期和离职期。

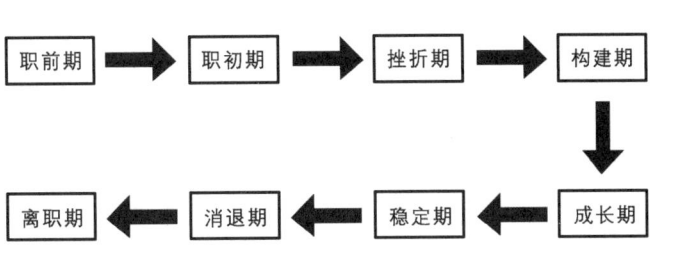

第三节　理论精髓

人生忙碌，忙不重要，忙什么才重要。有的人忙忙碌碌，却碌碌无为，有的人按部就班，就能一步步走向成功。生涯发展从来都不应该是盲目的，生涯规划是在科学理论指导下的一门学问。一个人在校期间，了解掌握一些生涯规划与发展的理论和方法，跟学习专业知识一样重要。

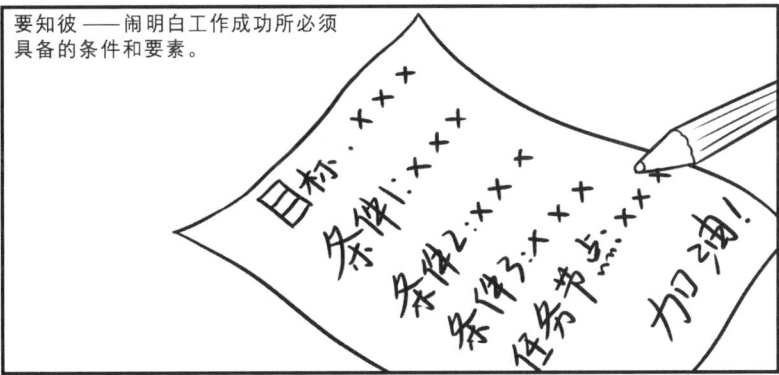

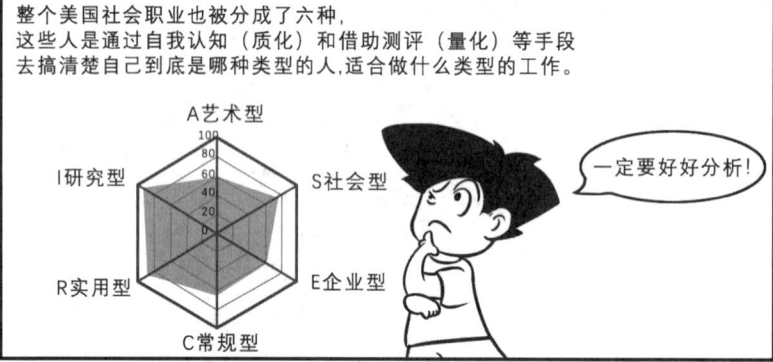

第三节 理论精髓

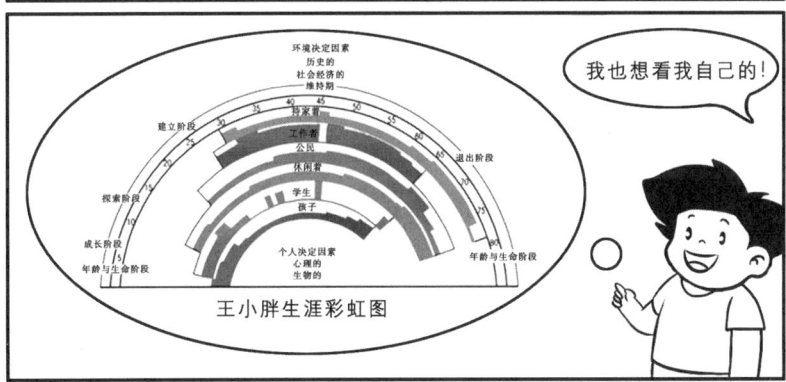

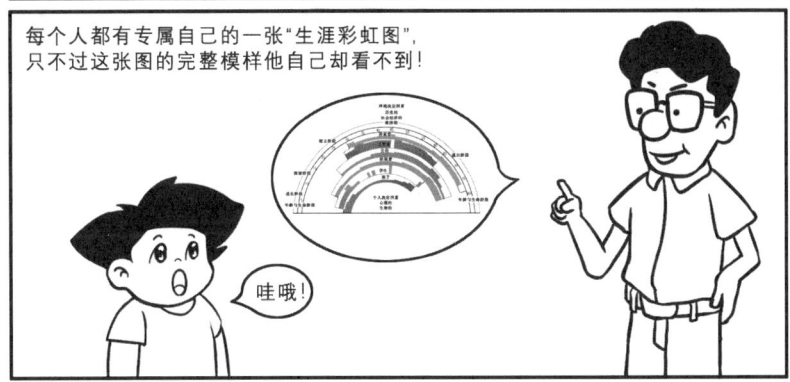

生涯发展理论

职业锚理论

埃德加·H 施恩提出人的职业生涯系留点理论，又称职业定位理论。中国人把他翻译成"职业锚"理论，好记多了。

职业锚!!

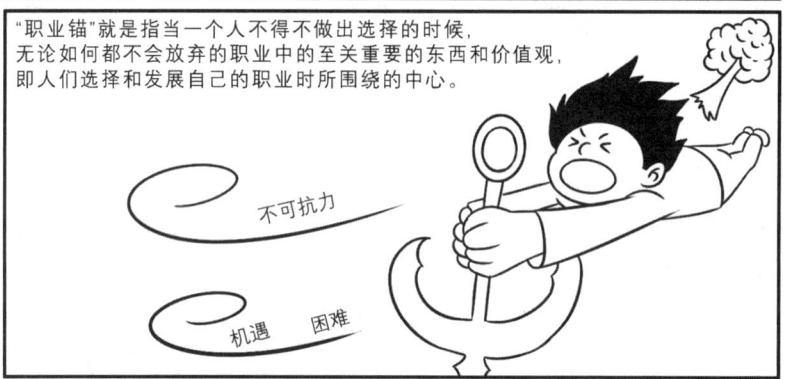

"职业锚"就是指当一个人不得不做出选择的时候，无论如何都不会放弃的职业中的至关重要的东西和价值观，即人们选择和发展自己的职业时所围绕的中心。

不可抗力　机遇　困难

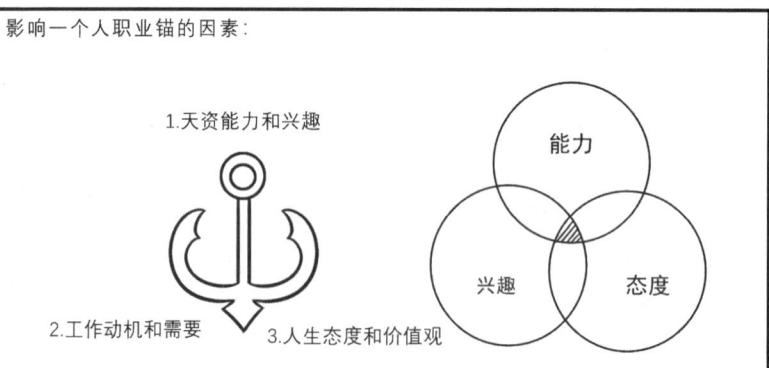

影响一个人职业锚的因素：

1. 天资能力和兴趣
2. 工作动机和需要
3. 人生态度和价值观

能力　兴趣　态度

寻找职业锚的方法很简单，就在上述三个因素的重叠部分中寻找。

我的人生态度与价值观？
我的动机与需要？
我的能力与兴趣？

第三节 理论精髓

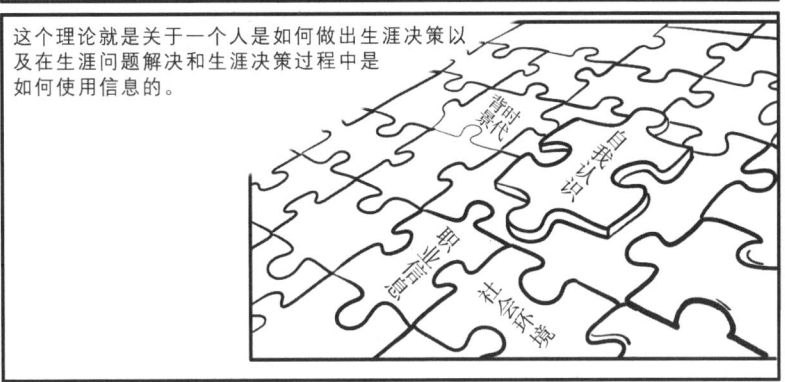

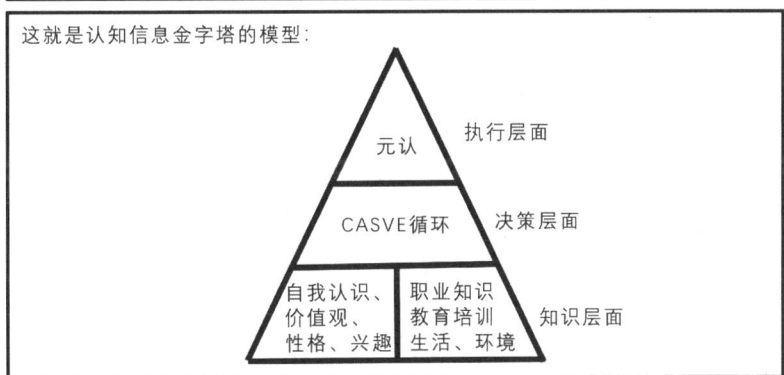

认知信息加工理论

就业弹性系数

就业弹性系数为从业人数增长率与GDP增长率的比值,即GDP的增长对就业的拉动作用。

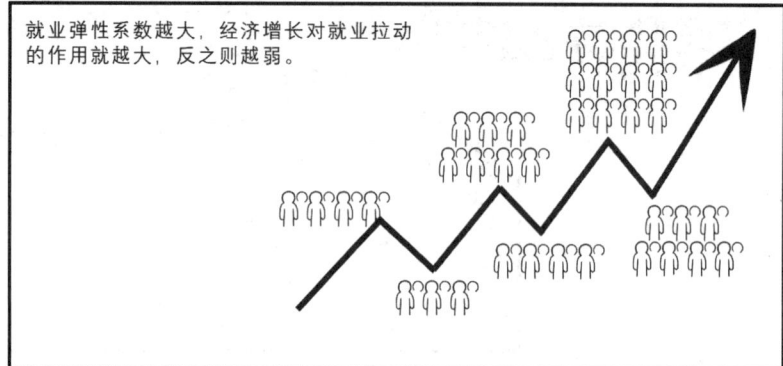

就业弹性系数越大,经济增长对就业拉动的作用就越大,反之则越弱。

经济增速放缓或者经济下行压力增大,意味就业形势会更加严峻。

累死了,拉不动,都下车吧!

毕业生就业要了解经济形势和就业的关系。

原来是这样啊!

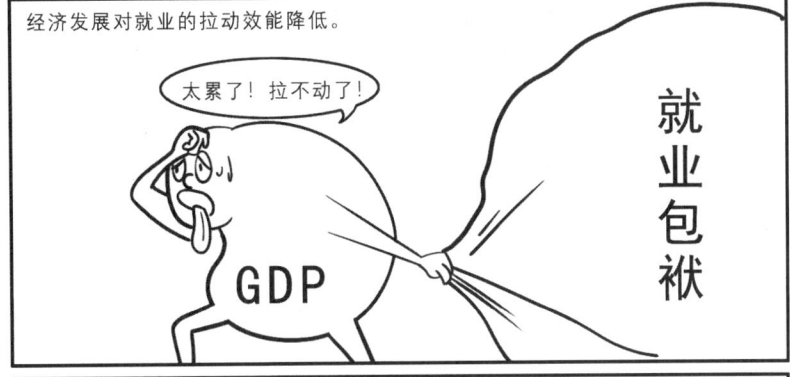

第三节 理论精髓

「就业战争」

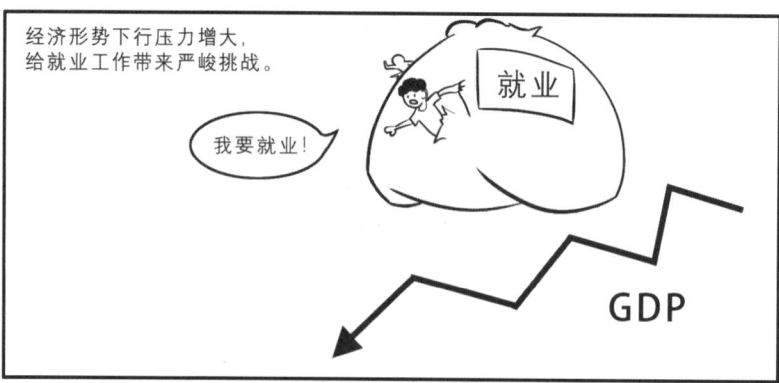

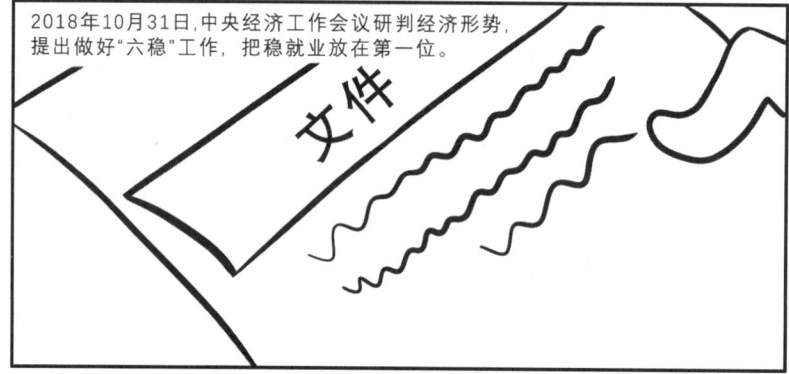

第二章　生涯阶段划分

　　郝曼.郝赛说：生命究竟有没有意义并非我的责任，但怎么安排此生却是我的责任。人区别于动物的最大特征是能够独立思考并形成指导行为的思想。生命来到世间具有很大的偶然性，个体会思考生命的意义，并担负起安排好此生的责任。

　　人的一生在有限的生活领域里活动。在不同人生阶段表现出不同的生理和心理特征，承担起不同的任务。了解生涯阶段的划分，有利于个体做好生涯规划，尤其是职业生涯规划与发展。

第一节　生活领域

人的一生能够活动的领域只有三个，婚姻家庭生活领域、公共生活领域和职业生活领域。一般来说，职业生活领域对一个人的影响最大，从找到工作赚取薪酬养活自己的生理需要，到事业有成创造业绩达到自我实现，都有重要的作用。

第一节　生活领域

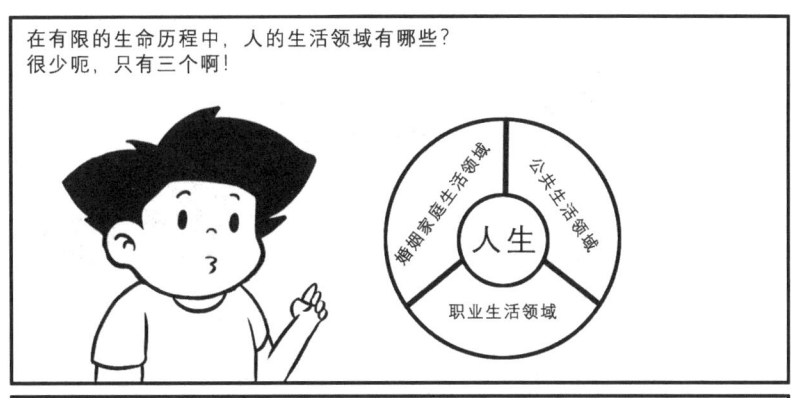

第二章 生涯阶段划分

从哪里来？

第一节 生活领域

生活烦恼

第二章 生涯阶段划分

人生不幸

一是生病

二是故亲

三是业败

破产了~

四是不睦

离婚！

离就离！

第一节 生活领域

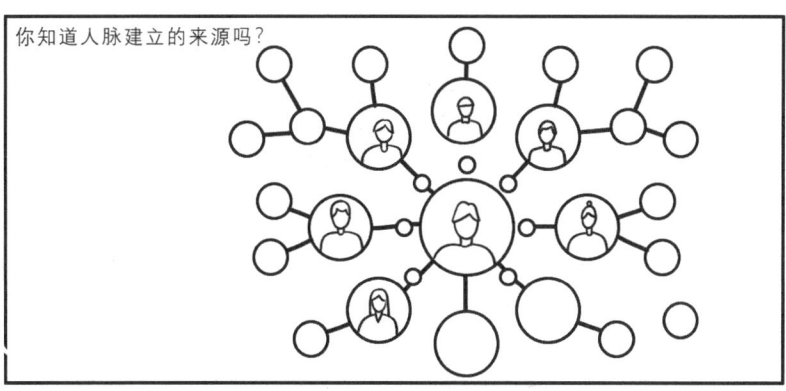

工作交往

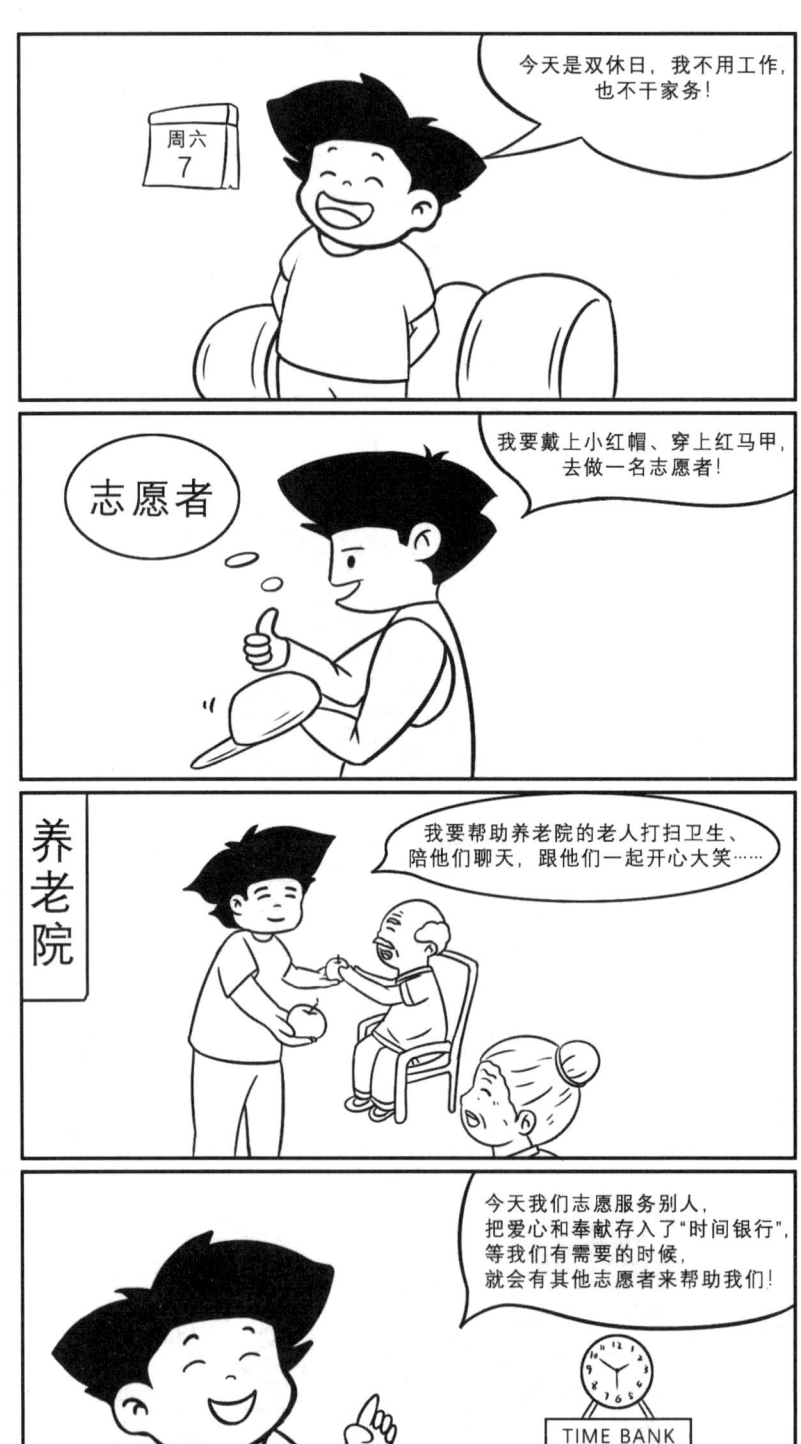

第一节 生活领域

角色蜕变

第二节　人生阶段

　　人生不同阶段都会表现出不同特征和需要解决的主要任务。早在2500多年前，先师孔子的论述是有文献记载人类历史上最早对人生阶段的划分。后来舒伯、卡耐基等人也做过划分。他们都是按照十年左右时间为一个单元进行划分的。舒伯关于生涯不同阶段特征和任务论述最细致，大大丰富了职业生涯发展理论。

第二节 人生阶段

孔子的人生

第二节 人生阶段

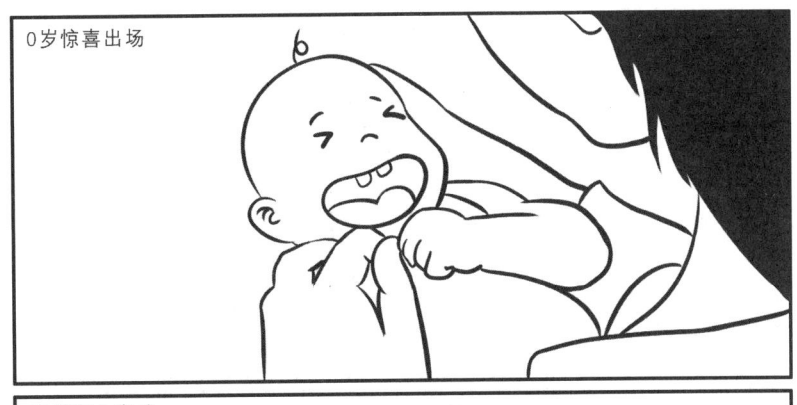

人生成功

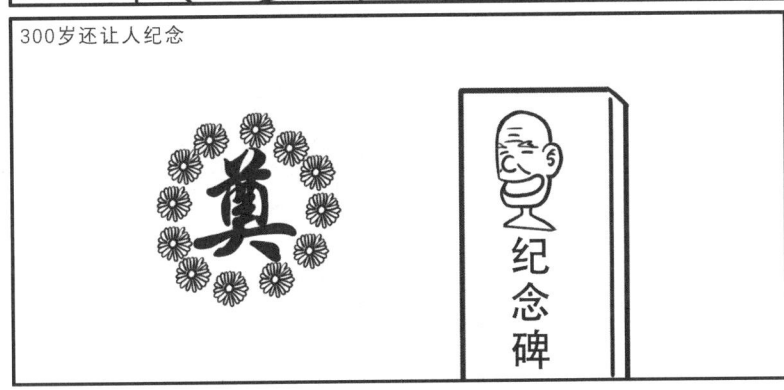

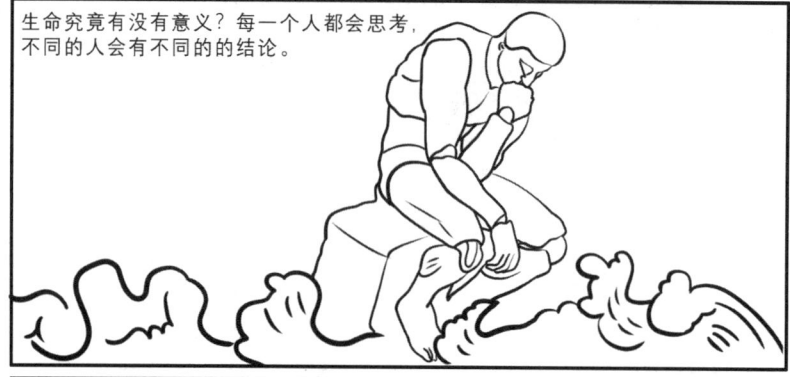

第二节 人生阶段

命运的安排

第三章　学生时代过往

　　学生时代是一个人一生中最美好的时光,无论是小学中学,抑或是大学。个体在学习中成长,无论是经历了困惑、烦恼和痛苦,还是收获了成熟、友爱和幸福,过往之后都是一种资本,一种可以回味的阅历。

　　大学阶段几乎是所有学制最长的一段时间。按照"一万个小时学习"理论,一个人在大学阶段选择一个专业(或者专业方向),要围绕着该专业的核心课程和相关知识学习锻炼一万个小时,才能成为一个合格的专业人才,为求职择业创造条件。所以大学生更应珍惜在校的学习和锻炼。为自己未来的职业生涯发展奠定基础。

第一节　中学时光

　　青春期是一个人成长过程中最具挑战性的阶段，也是人生观、世界观和价值观初步树立的时期。随着个人自主意识不断增强，成长过程中会遇到各种困惑和烦恼。回首过往，勇敢地悦纳自己，留下的都是青涩而美好的记忆。

第一节 中学时光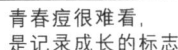

青春痘很难看，
是记录成长的标志。

嗓音变得沙哑，
是性别成熟的象征。
我的声音怎么变成这样了！
这是性别成熟的标志呦！

我战胜了少年的烦恼，
勇敢的悦纳了自己。

身体烦恼

今天我才知道，
伴随成长的烦恼会成为成长的记忆。

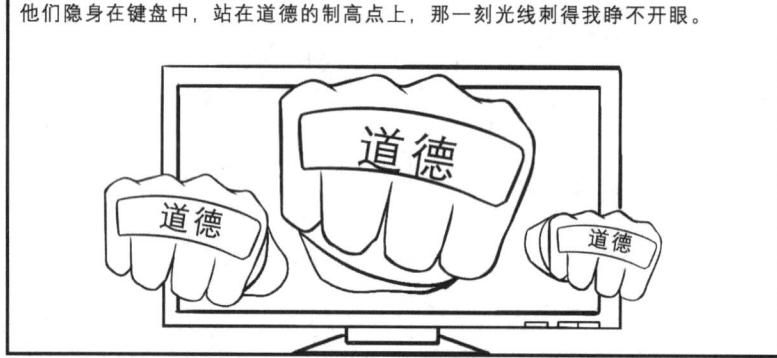

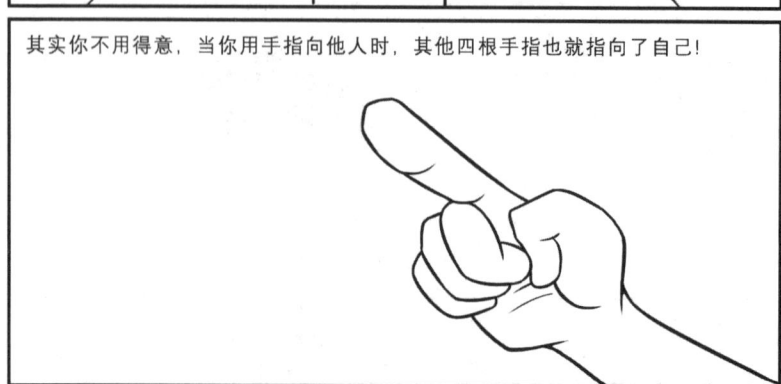

第三章　学生时代过往

奋斗动力

第二节 大学模样

大学阶段差不多是人生中最长的在校学习阶段。这个时期的学习和锻炼为未来职业选择与发展奠定了基础，甚至说决定了人生的成功与否。大学生活丰富多彩，"四个学会"成为最重要的内容。能在大学里享受尽情仰望的姿态，是因为每个人都努力踮脚，希望不断拔高自己。

第二节 大学模样

大学变化

第二节 大学模样

专业学习,始终不变的主题。

学会处事,精彩人生的预演。

社会实践,求职择业的先试。

文体活动,轻松生活的音符。

大学生活

第三章 学生时代过往

大学四读

读书本

读老师

读同学

读自己

第二节 大学模样

经济压力

第二节 大学模样

收获成长

第二模块　生涯探索

　　苏格拉底说：没有思索的人生是没有意义的人生。生涯探索是职业生涯规划与发展的基础和前提。一般意义上，生涯探索至少包括两个方面，一是自我认知；二是外部认知。本书创造性提出了知己、知势、知路、知策，力图提供更加清晰的生涯探索路径与方法。

　　强化生涯探索，充分认识自我，客观分析环境，科学树立目标，有助于个体认清优势和劣势，扬长避短，树立信心，顺势而为，充分自由地发展和创造性发挥。

　　正确的职业生涯规划与发展应当兼顾自身发展需求和国家发展需要，唯有如此，才能做到知行合一，体现家国情怀。

第四章 知己

《孙子兵法·谋攻》说"知彼知己,百战不殆。"人最大的敌人往往是自己,在超越别人之前需要先超越自己。自我认知需要找到合适的方法与路径,比如兴趣是最好的老师,性格可能影响命运,培养基本能力并重视激发潜能,正确的价值取向会起到决定性作用等,都是生涯探索必须了解的内容。

第一节 兴趣是最好的老师

爱因斯坦说：兴趣是最好的老师。兴趣很重要，对一个人影响很大。心理学家把由兴趣引起的两种交替出现的心理状态和过程称为"精神呼吸活动"。兴趣对人从事某种活动具有事前准备、事务推动和态度促进的作用，是一个人职业发展的重要驱动力量。

第一节 兴趣是最好的老师

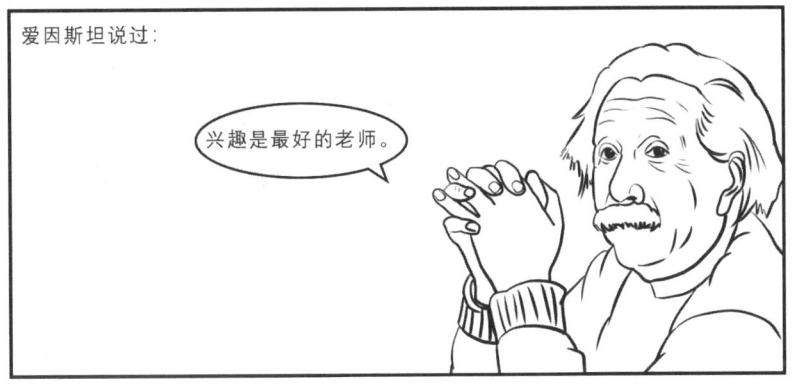

「精神呼吸活动」

人的兴趣可以产生两种心理状态：

一种是专心，集中一个对象而暂时排斥其他做法；

别打扰我，我要专注。

学啥呢？玩去吧。

一种是审思，协调同化新旧不同认识的思想活动。

人的这两种心理状态会交替进行，然后一个人就会有丰富的审思活动，并有能力完全随自己的意思进入每一种专心活动。心理学家把这个过程称为"精神呼吸活动"。

第一节 兴趣是最好的老师

奕秋教棋

第一节　兴趣是最好的老师

个人兴趣和爱好是受社会影响的，不同环境、不同职业、不同文化层次的人，兴趣和爱好会不一样。

对公益活动感兴趣，乐于助人；对高雅的活动感兴趣并积极参与，反映了一个人个性品质的高雅。

对占小便宜感兴趣，对低级、庸俗的文艺作品有兴趣爱好，则表现了一个人个性低劣。

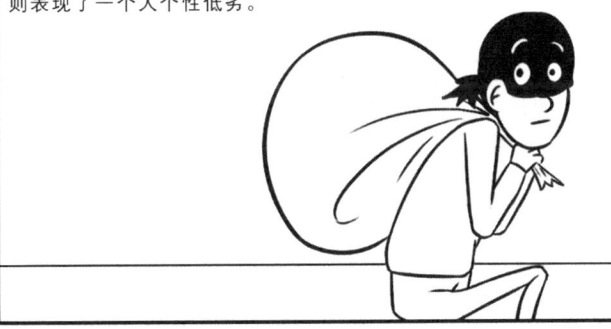

毛主席说：
"要做一个高尚的人，一个纯粹的人，一个有道德的人，一个脱离了低级趣味的人，一个有益于人民的人。"

个性品质

兴趣的作用

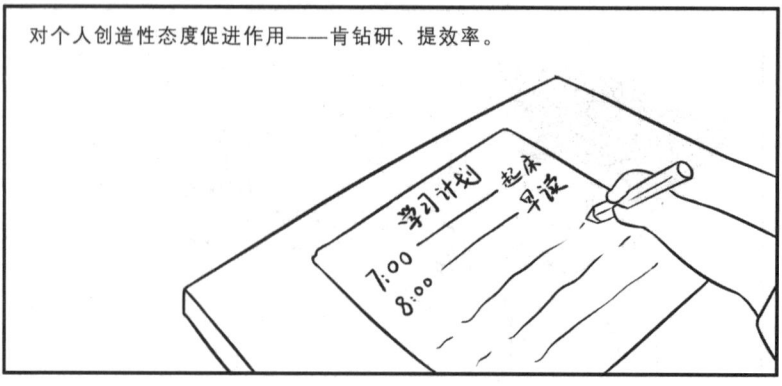

第一节　兴趣是最好的老师

职业发展驱动

第二节 性格影响命运

对性格的研究源远流长,有众多的理论和方法。无论哪一种理论流派还是测试方法,都明确告诉大家,了解自己的性格很重要,性格可能会影响命运。职业辅导强调性格认知有利于职场人际交往。

性格和人格是紧密联系在一起的。从中华传统文化将完美人格概括为"知、仁、勇"到西方学者亚里士多德、柏拉图等将之归结为"知识、道德、勇敢",标准都是一致的。

第四章 知己

铁娘子的名言

第四章 知己

九型人格

美国心理学家海伦·帕玛在前人研究的基础上，根据人们不同的核心价值观和注意力焦点及行为习惯的不同，把人的性格为9种，即九型人格。

完美型	助人型	成就型
忠诚型	思想型	感觉型
活跃型	领袖型	和平型

九种性格包括完美型、助人型、成就型、感觉型、思想型、忠诚型、活跃型、领袖型、和平型。

这9种类型划分的依据包括活跃程度、规律性、感兴趣的范围、反应的强度、心理的素质、分心程度、专注力持续性等。

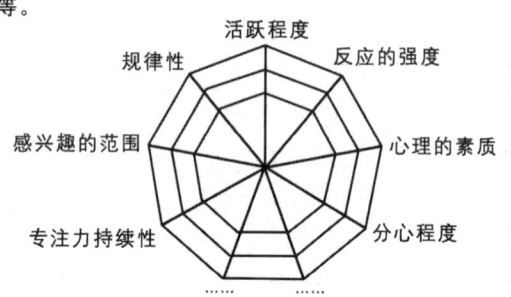

九型人格理论历史脉络已经无据可考。但它是一种古老的划分方式，据说可以追溯到毕达哥拉斯时代，甚至于更早的时期。

第二节 性格影响命运

BMIT人格测试指标是根据瑞士心理学家荣格的心理类型理论、由美国的凯恩琳·布里格斯和她的女儿伊莎贝尔·布里格斯·迈尔斯制定的，称为迈尔斯布里格斯类型指标（MBTI）。

指标体系按照"外倾—内倾、感觉—直觉、思维—情感、判定—理解"四个维度以及人在四个维度中的八种偏好，共同组成16种性格类型，你必然属于其中的一种。

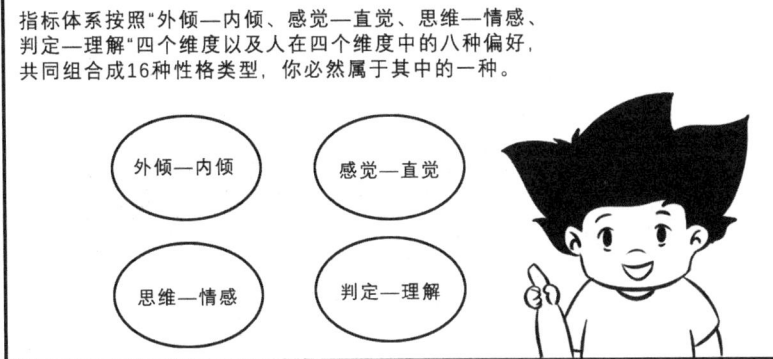

职业性格测试是国际上最为流行的职业人格评估工具，是一种对个性的判断和分析的理论模型。

关于MBTI的性格测试有国际标准版本，打开网络你随时都可以进行自己的测试。当然测试结果仅作参考，你也不可全信，如同要了解自己和别人是什么"星座"一样！

要理智客观地看待呦！

MBTI 性格测试

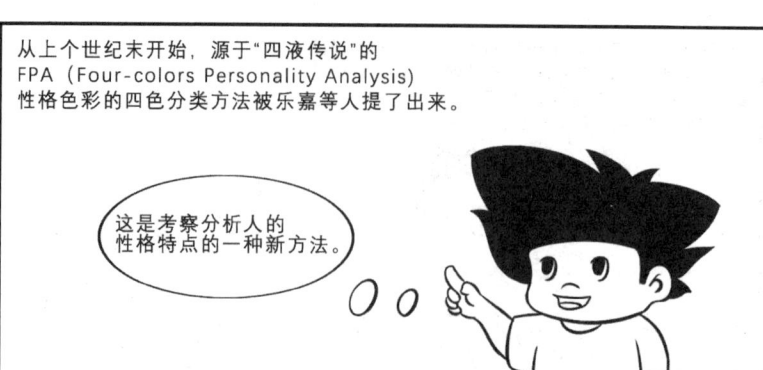
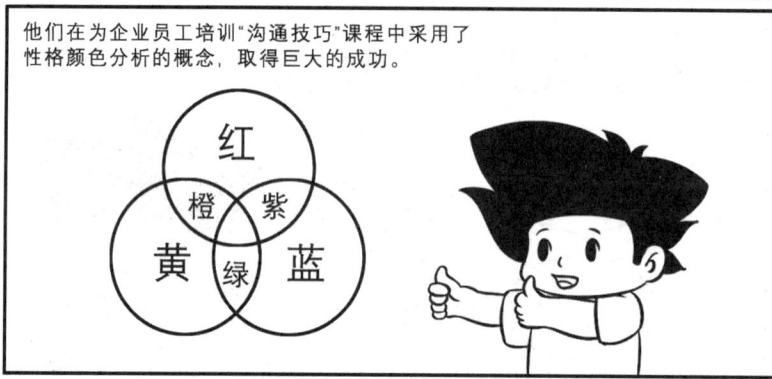

第二节 性格影响命运

『色眼识人』

第二节 性格影响命运

西方学者亚里士多德、柏拉图都将完美人格归结为"知识、道德、勇敢"和中华传统文化中"知、仁、勇"标准是一致的。

我们这边讲"知识、道德、勇敢"。

我们这边讲究"知、仁、勇",我们标准都是一致的。

知,体现为能者的品格。人的品格并非纯讲道德,还要具备高度的智慧与能力。

完美人格

仁,蕴含着贤者的品格。强调能够正确处理义利或公私关系,显示其贤明豁达。

勇,显示强者的品格。
"仁者必有勇""知耻近乎勇",
人具备超凡的勇气,显示出强者的风范。

我很勇敢,我坚强!我十分果断!

第三节 一招鲜吃遍天

　　一个人的基本技能有很多种，大体分为三类，即通用技能、知识技能和管理技能。人的能力和素养提升是一个从简单到复杂的过程，也会随着时代发展不断变化。

　　就业能力是指个体获得和保持工作的能力，也可称为"可雇用性"。在职业发展过程中，不奢求一个人各种能力都超强，但总要有自己的强项，才会有竞争优势。正所谓"一招鲜，吃遍天"。

第三节 一招鲜吃遍天

孙悟空是"斗战胜佛"本领强大，甚至可以七十二变。
再有本事的人，所拥有的技能只有三种。

第一种是通用技能。它和一个人从事具体事务没有必然的关联性。
一般用动词表达。比如：安排、采集、分析、处理等。

第二种是知识技能。这是人通过后天的学习掌握的具体的、专业化的、针对某一特定工作的基本知识和能力。
一般用名词表达：比如：生物、化学、疾病、颜色等。

第三种是管理技能。这是体现了人的特质的综合素养与能力。
一般用形容词表达，比如：认真的，踏实的，准确的，负责任的等。

三种技能

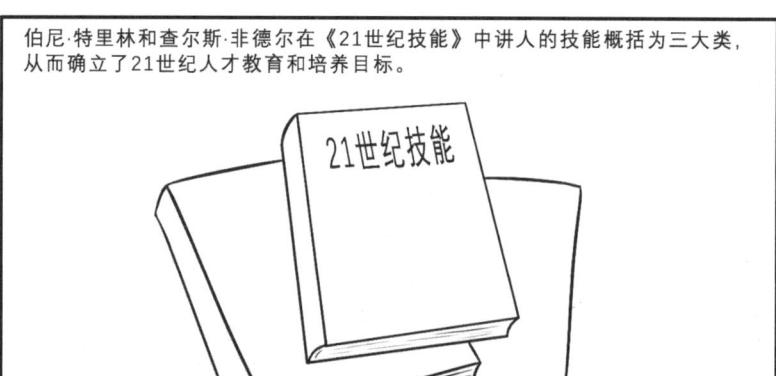

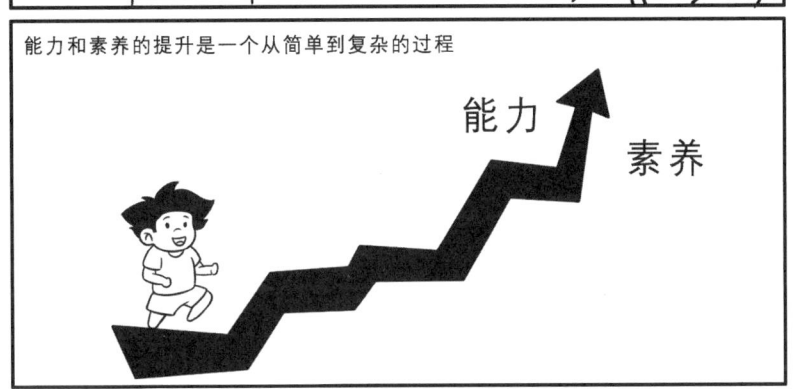

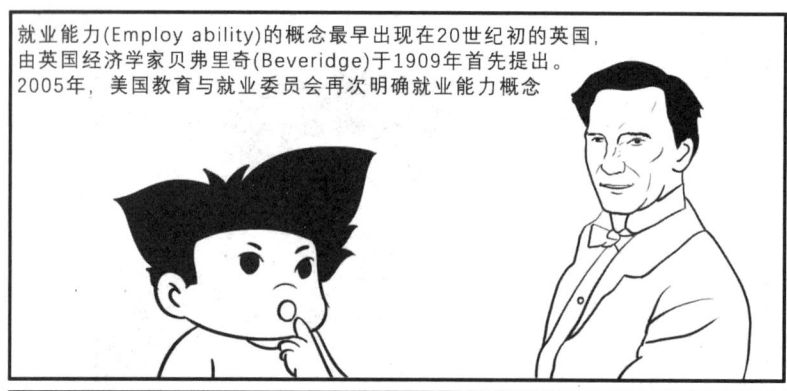

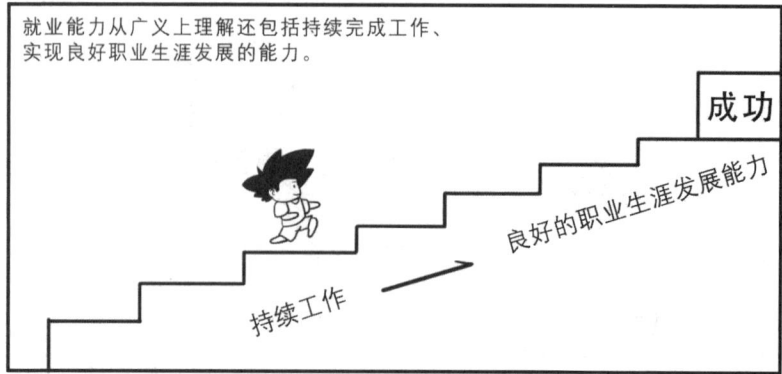

第三节 一招鲜吃遍天

能力差距

能力来源

"问渠哪得清如许？为有源头活水来"的学习

"纸上得来终觉浅，绝知此事要躬行"的实践

"人生交契无老少，论交何必先同调"的交往

"沉舟侧畔千帆过，病树千头万木春"的创新

创新精神是十分重要的。

第四节　选择决定出路

在人的发展过程中，个体价值选择决定了发展的路径。这种选择体现了人们对某种事物的好坏看法和评价，是依据自己内心的尺度进行衡量，从而做出决定的。它会受到人在社会中所处的位置、受到的教育和外边环境等因素的影响。在不同时代、不同社会生活环境中也会不一样。

中西方价值观有所不同。中华传统文化坚持"任人以德为先"的标准。当今时代我们倡导和弘扬社会主义核心价值观。

第四章 知己

「冰山模型」

美国著名心理学家麦克利兰于1973年提出了著名的"冰山模型"。

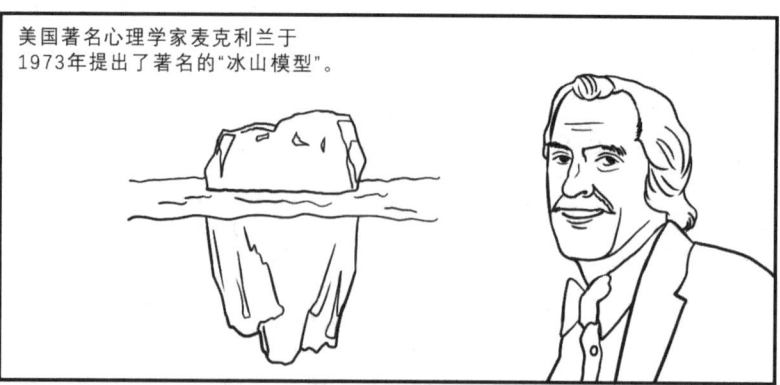

"冰山以上部分"包括知识和基本技能，是外在表现，是容易测量的部分，相对而言也比较容易通过培训来改变和发展。

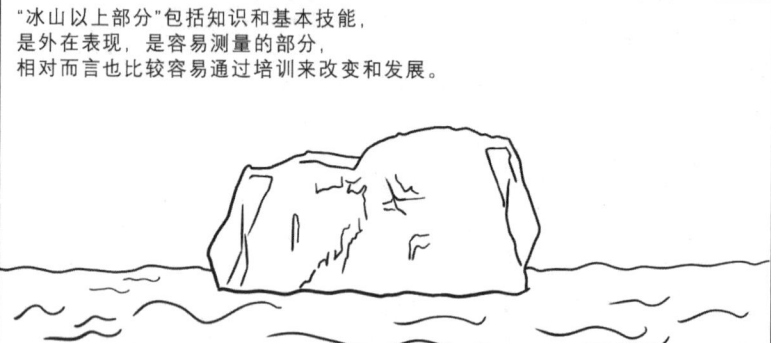

"冰山以下部分"包括能力、个性特征、动机和价值观，是人内在的、难以测量的部分。它们不太容易通过外界的影响而得到改变，但却对人的行为与表现起着关键性的作用。

"冰山模型"为人力资源管理的实践提供了一个全新的视角和一种更为有力的工具。

第四节 选择决定出路

价值取向

第四章 知己

价值观特性

稳定性：一旦认知形成，人们对某种事物的看法和评价，是稳定和持久的，一般不会改变。

历史性：人在不同时代、不同社会生活环境中形成的价值观是不同的。

选择性：人在社会中所处的位置、受到的教育和外边环境因素，对其价值观的形成有决定性的影响。

主观性：人用以区分好与坏的标准，是根据自己内心的尺度进行衡量和评价的。

第四节 选择决定出路

具备实力,国家急需,可以到重点领域、重要行业、重大项目就业,追求"顶天"。

家国情怀,立志扎根基层,服务乡村振兴建功立业,做到"立地"。

最让人焦虑的是一些人"顶天立地"做不到,悬在半空拼命卷!

若不改变观念,抱着较高的期望值,可能会在犹豫中错失就业机会。

第四节 选择决定出路

关键考验

第四章 知己

社会主义核心价值观

习近平指出"人类社会发展的历史表明对一个民族、一个国家来说最持久、最深层的力量是全社会共同认可的核心价值观。"中国共产党第十八次全国代表大会报告中提出了社会主义核心价值观。

社会主义核心价值观

国家的价值目标：

富强、民主 文明、和谐

社会的价值取向：

自由、平等 公正、法治

公民的价值准则：爱国、敬业、诚信、友善。

自由、平等 公正、法治

第五章　知势

　　孙中山以"世界潮流,浩浩荡荡,顺之则昌,逆之则亡"作为自己的座右铭。在职业发展的进程中,懂得顺势而为的道理,就会少走弯路,更好的迈向成功。

　　外面的世界很精彩,要怀着"天生我才必有用"的信念,勇敢去做能风口上飞起来的"猪";外面的世界也很无奈,失业是"全球性问题"。本世纪上半页中国就业市场"僧多粥少"的局面不会有大的改变。这就需要每个求职者认清形势,理性求职择业,避免出现"毕业即失业"现象。

第一节 外面的世界很精彩

　　大千世界是勇敢者的乐园。生活不仅有苟且，还有诗和远方，来一场说走就走的旅行是很多年轻人的梦想。

　　时代在发展，世界也在改变，我们这个时代的麻烦就是将来不会是过去那个熟悉的模样。面对精彩世界和无限可能的人生，每个人都应当作出生涯发展规划并付诸实施，活出精彩的人生。

第一节 外面的世界很精彩

大千世界

第五章 知势

诗和远方

外面的世界是诗

面向大海,春暖花开

外面的世界朝向远方

蓦然回首,那人却在灯火阑珊处

第一节 外面的世界很精彩

来一场说走就走的旅行

世界这么大,你是否也想去看看?

每个人都可以,自由是我们灵魂的归途!

徐志摩说:
寻梦?
撑一支长篙,
向青草更青处漫溯;
满载一船星辉,
在星辉斑斓里放歌。

林徽因说:
你是人间的四月天;
笑响点亮了四面风;
轻灵在春的光艳中交舞着变。

125

第五章 知势

飞起来的「猪」

有企业家说："只要站在风口，猪也能飞起来！"

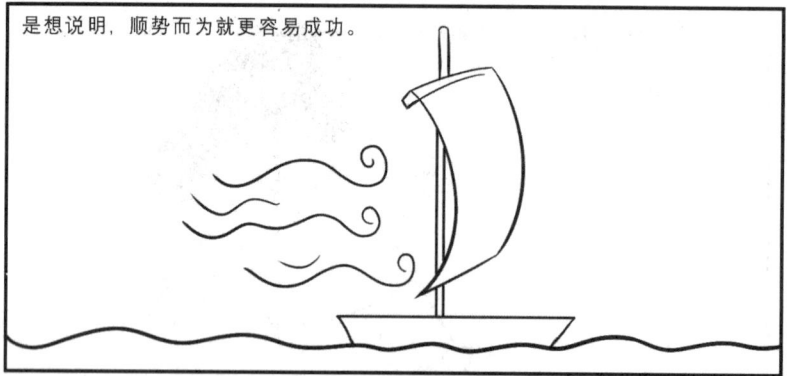

是想说明，顺势而为就更容易成功。

风口很多！

你也远比猪聪明，比猪轻盈。

第五章　知势

工业革命

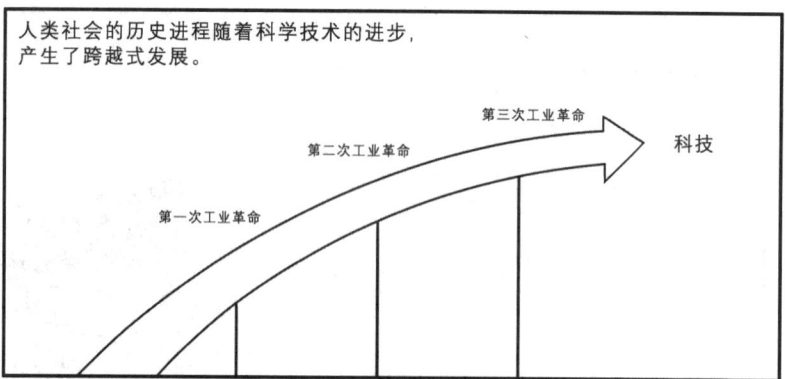

人类社会的历史进程随着科学技术的进步,产生了跨越式发展。

18世纪60年代到19世纪中叶第一次工业革命爆发。其标志是蒸汽机的发明和使用。人们从"农业时代"过渡到"蒸汽时代"。

19世纪下半叶第二次工业革命爆发。其标志是电的发明和使用,人类社会从"蒸汽时代"过渡到"电气时代"。

20世纪中叶以来,我们正在经历第三次工业革命,随着原子能、电子、信息、互联网和云计算等方面技术重大突破,人们已经进入到"信息时代"。

第五章 知势

三百六十行

俗话说：三百六十行，行行出状元。其实，社会上的职业可不止三百六十行啊！

三百六十行，行行出状元。

按照2015年新版的《中华人民共和国职业分类大典》，将职业分为8个大类，75个中类，434个小类，1481个职业。

2019年以来，人社部共发布了四批56个新职业。仅在2021年就发布了电子数据取证分析师、碳排放管理员、易货师等18个新职业。

电子数据取证分析师　　碳排放管理员　　易货师

随着时间的推移，还会有大批未进入国家职业标准目录的新职业会应运而生。

第一节 外面的世界很精彩

职业生活

第二节 外面的世界很无奈

英国作家查尔斯·狄更斯在《双城记》写到：这是一个最好的时代，也是一个最坏的时代；这是一个智慧的年代，这是一个愚蠢的年代；这是一个信任的时期，这是一个怀疑的时期。两百多年过去了，我们好像还是身处其中。外面的世界确实很精彩，但是外面的世界也很无奈。每个人享受发展红利，接受良好教育，却要面对失业这个"全球性问题"。

当今世界正在爆发一场规模越来也大的"就业战争"，就业竞争日趋激烈。就个体的求职择业而言，面对这个"无奈的世界"，只有未雨绸缪，不打无准备之仗才是王道。

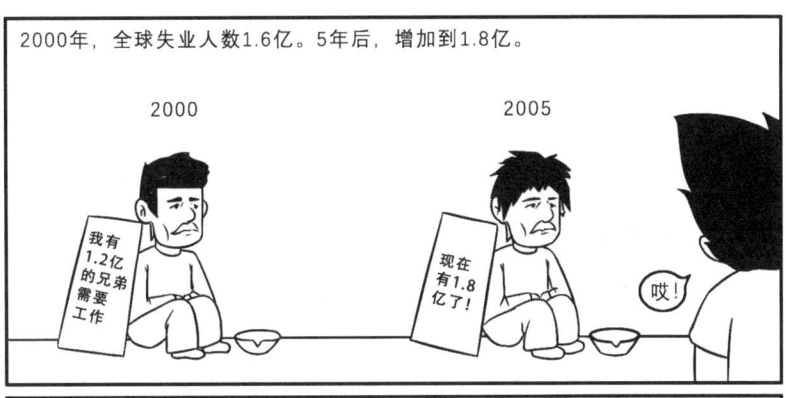

第五章　知势

就业挑战

总量性失业在短期内不会有大的改变。在"僧多粥少"的态势下，随着高校毕业生人数增加，就业竞争会更加激烈。

岗位招聘

结构性矛盾是导致大学生"择业难"的重要影响因素。

这个人少，可我不会啊！！！

限制专业：
要求：

毕业生和家长对人力资本投资回报的较高预期，加大了毕业生对优质工作岗位搜寻的难度。

我妈让我回家找个事少的工作。

我爸也想让我回家考个公务员。

经济下行压力的加大，对高校毕业生择业造成的影响是一个长期波及的过程。越是经济发展形势不明朗，学生和家长的择业求稳心态越明显。考研、考公、考教人数增加，内卷严重就是例证。过去28年间，国考人数增长了482倍。

428倍

1994　　2008　　2022

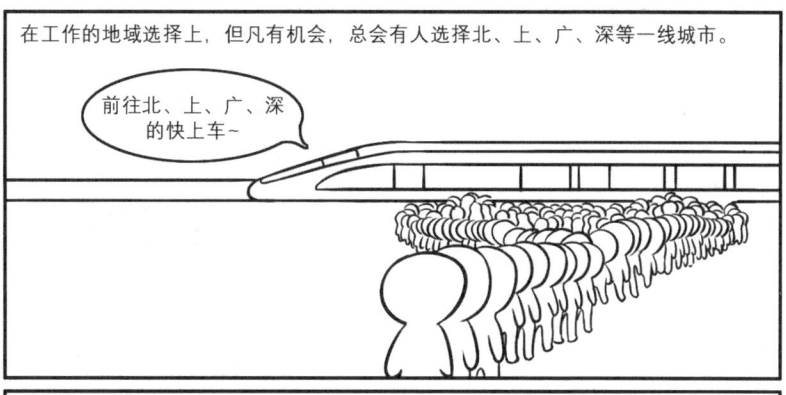

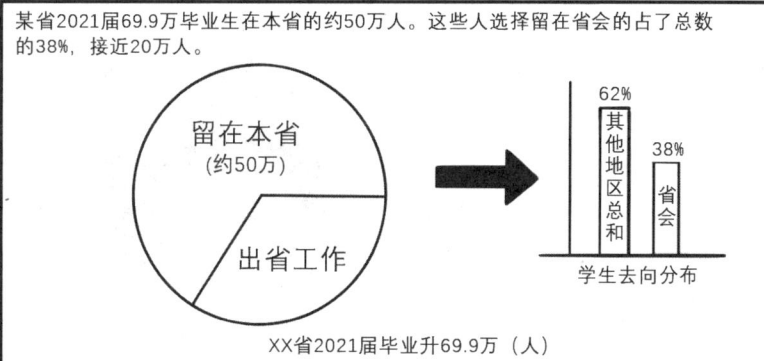

第二节 外面的世界很无奈

第五章　知势

性别歧视

第二节 外面的世界很无奈

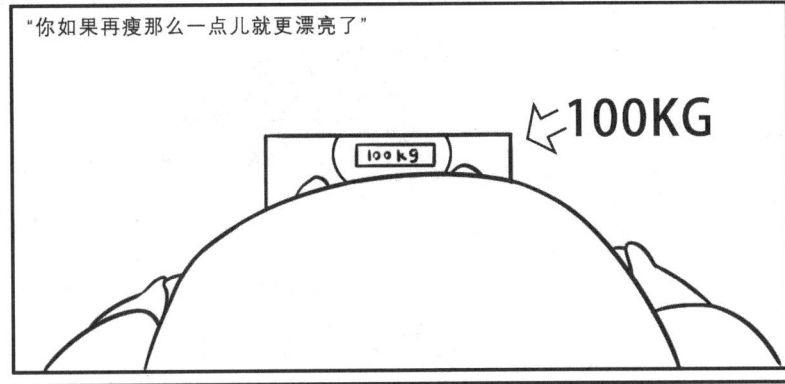

外貌焦虑

第六章 知路

　　所谓道路，是指出发点和目的地之间的途径。人是追求目标的动物，因为人们懂得瞄准目标走捷径是最快实现成功的朴素道理。因此目标的确立至关重要。

　　条条大路通罗马，对于大学毕业生而言，可以选择的就业路径其实屈指可数，按照这些路径可以早做谋划和准备，就能够在激烈的竞争中立于不败之地。

第一节 人是追寻目标的动物

亚里士多德说：人是一种寻找目标的动物，他生活的意义仅仅在于是否正在寻找和追求自己的目标。目标确立是职业生涯规划与发展的基础，能够体现个体预期的主观性、方向性、确立的社会性、操作的实践性。因此目标设立要遵循全局观、可信度、具体化、稳定性等原则。

尽管目标设立需要遵循稳定性原则，但是目标也不是一成不变的，需要审时度势作出调整。总体目标设定后也要注意目标分解。这就有了长期目标、中期目标和短期目标的划分。

第一节 人是追寻目标的动物

追求目标的动物

每天我们为完成自己设定的一个小目标而努力。小目标

每年我们为通过努力进阶到更高的平台而庆幸。

回首过往,我们何尝不是像狗子一样为了一块骨头在拼命追赶!

难怪亚里士多德说:"人是一种寻找目标的动物,他生活的意义仅仅在于是否正在寻找和追求自己的目标。"

第一节 人是追寻目标的动物

第一节 人是追寻目标的动物

目标作用

第六章 知路

目标设定

目标设定根据时间的跨度进行划分。

短期目标：近期内要完成的任务设定。

近期目标

中期目标：设计两到三年的计划打算。

中期目标　2-3年

长期目标：未来五到十年的规划方案。

远期目标　5-10年

第一节 人是追寻目标的动物

时间安排上，从近到远。

"不积跬步无以至千里，不积小流无以成江海！"

执行强度上，从易到难。

"今天三公里，明天五公里，慢慢来！"

完成效率上，从低到高。

考察指标上，从简到繁。

目标分解

149

第六章　知路

凭智慧战胜对手

1984年，东京国际马拉松邀请赛中名不见经传的日本选手山田本一出人意料地夺得了世界冠军。他说自己是凭智慧战胜对手，遭到别人的嘲讽。

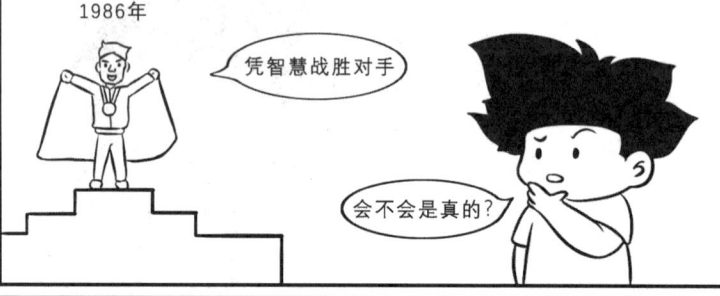

两年后，在意大利国际马拉松邀请赛上，他再次获得了世界冠军。他又说自己是凭智慧战胜对手。这一次大家开始思考。

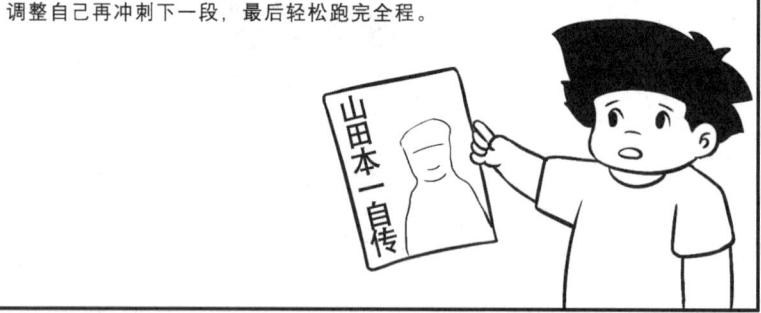

10年后，他在自传中解开谜题。他的做法是，不被眼前的困难吓倒，把40多公里的赛程，分解成几个小目标路段，跑完一段后，调整自己再冲刺下一段，最后轻松跑完全程。

在人生的旅途中，我们如果能借鉴山田本一的智慧，学会目标分解，也许会少许多懊悔和惋惜。

第二节　条条大路通罗马

出自罗马典故的英语谚语说：条条大路通罗马。据说，当时从意大利半岛乃至欧洲的任何一条大道开始旅行，只要不停地走，最终都能抵达罗马。到今天被喻为达到同一目的，可以有多种不同的方法和途径。

关于实现就业的途径，本书主要是根据目前国家对大学生毕业去向落实的统计要求，列举了几种方式。

协议就业

协议就业是毕业生找工作最常用的一种方式。

协议就业是一个概括的说法，大体包括了七种情况呢，你要根据自己的情况进行处理。

哦！有七种形式呢

在国内的话，包括与企业等就业单位签订统一制定的就业协议书；具有人事调配权限单位出具的接收函；定向、委培毕业生回原单位就业；部队招收士官和文职人员的协议书；医学规培生与规培基地签订的协议书。

如果出国呢，包括国际组织出具的接收材料；依据国（境）外用人单位出具的接收证明材料或出国签证文件。

合同就业的形式与协议就业相似,是指毕业生与用人单位签订劳动合同。但又有所区别。

劳动合同由用人单位与劳动者协商一致,并经用人单位与劳动者在劳动合同文本上签字或者盖章生效,双方各执一份。

劳动合同对劳动报酬和劳动条件等标准约定不明确,引发争议的,用人单位与劳动者可以重新协商;协商不成的,适用集体合同规定。没有集体合同或者集体合同未规定劳动报酬的,实行同工同酬;没有集体合同或者集体合同未规定劳动条件等标准的,适用国家有关规定。

为了保护劳动者的合法权益,《中华人民共和国劳动法》还对签订劳动合同的试用期等内容进行了详细规定。

第六章　知路

助理岗位

如果你的学习阶段完成了，但是你还觉得意犹未尽，想一边工作一边学习提升，你可以选择受聘到助理岗位。主要有两种情况：科研助理或者管理助理。

高校、科研机构或者企业可以聘用毕业生作为科研辅助人员、实验技术人员、学术助理、财务助理等工作人员。

科研助理、管理助理岗位就业的依据是高校科研机构或者企业出具的证明，拿到的薪资需要达到当地的最低工资标准。

如果是博士后入站，可以依据聘用合同或者接收函、商调函等，享受国家相关政策和单位规定的工作待遇。

第二节　条条大路通罗马

参军入伍

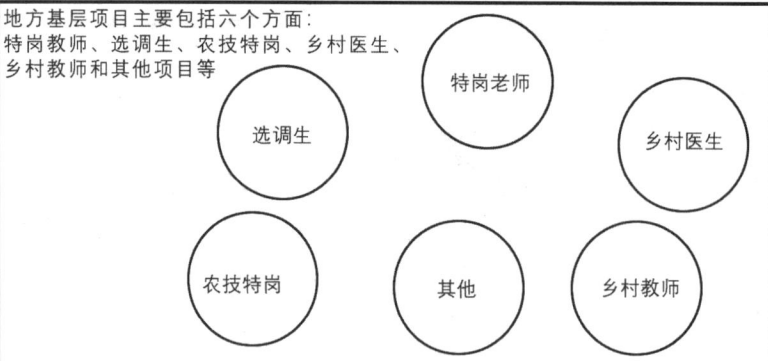

第二节 条条大路通罗马

创新是一个国家和民族发展进步的灵魂。2015年国家领导人就发出了"大众创业，万众创新"的号召。

大众创业 万众创新

高校大学生是最具有活力，最具有创造力的群体。引导更多的学生创新创业是国家的政策指引方向。

你们充满活力和创造力，大胆去拼吧。

自主创业

这些年高校里面有越来越多的毕业生通过创业实现了就业，并且通过创业带动了就业，因此自主创业也成为高校毕业生去向落实的统计方式之一

毕业去向统计
李XX 创业……
张XX 创业……
刘XX 创业……

基于种种原因，目前高校毕业生自主创业的比例还比较低。

就业　创业

灵活就业

灵活就业是指在劳动时间、收入报酬、工作场所、保险福利、劳动关系等方面不同于传统就业方式的各种就业形式的总称。

> 灵活就业是就业发展的大趋势

灵活就业主要表现为其他录用形式就业，比如临时工作、钟点工等。

> 我是按照小时结算的。

灵活就业还包括自由职业，如律师、自由撰稿人、歌手、模特、技术小工等。

> 我是一名律师
> 我是一名歌手

灵活就业是实现就业的一种形式。人社等相关部门出台文件和措施，如采取社保、税费减免等相关优惠政策，鼓励和引导高校毕业生采取灵活就业形式，积极实现就业。

第二节 条条大路通罗马

学无止境,有越来越多的毕业生在毕业之后选择继续深造。包括专升本、本科生考研、硕士生考博等。

国家在统计毕业去向落实情况时,把它分成国内升学和出国(出境)两种情况。

2022届高校毕业生报名考研人数450万,比2021届多85万,再创历史新高。

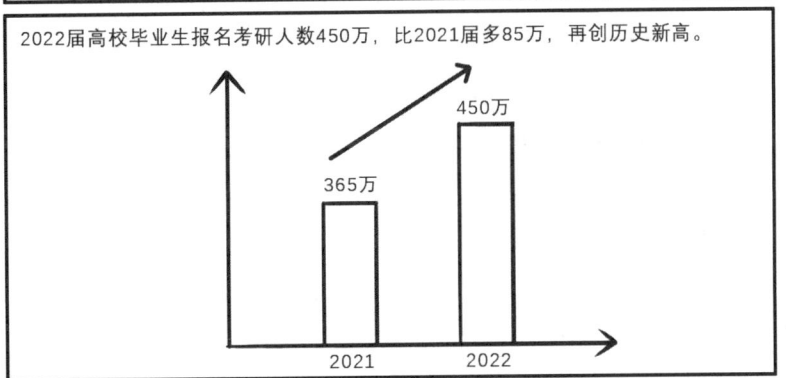

毕业深造,也需要审时度势,量力而行。切不可盲目跟风,为慢、缓就业找借口,可能会在机会不经意间错过了适合自己的就业机会。

毕业升学

第七章　知策

　　这个世界的每个个体都是有差异的，没有完全相同的两个人。有的人天赋秉异，别人可能永远都无法企及。在现实生活中，因为大多数人都是普通人，就更强调后天学习锻炼的重要性。

　　作为一种重要的人生策略，个人在制定职业生涯规划方案时可以借鉴成功的经验，做最聪明的决定。

　　有规划的人生不一定都能成功，但是没有规划的人生，注定不会有大的成功。

第一节　做最聪明的决定

　　人和人的差异是客观存在的,犹如德国哲学家莱布尼茨说:世上没有两片完全相同的树叶。相比较具备特殊才能的少数人,绝大多数都是普通人。为了实现职业生涯成功,大家更加看重普通人所采取的策略和后天努力程度。

　　虽然个体有差异,但是物以类聚、人以群分。任何一个单位都会出现因为员工成长程度不同,而进行的类型区分。这对将要迈入职场的大学生具有重要的启示作用,要求每个人都要因人而异、审时度势,做出最聪明的决定。

第一节 做最聪明的决定

天赋是一个人天生就具备的特殊才能。

爱因斯坦的智商达到了300以上，可一般人只有80—100。

IQ:300

他的IQ值好高！

黑种人能跑，所以多是非洲国家的选手囊括径赛的各种奖牌。

一些人所具备的特殊能力是别人永远都无法企及的，我们把这些人具备的特别突出的秉赋称为"特异功能"。

天赋异禀

第七章 知策

磨练成长

据说"一万个小时"学习和锻炼，能让一个人能够成为某个专业或者专业方向的行家里手。

用一万个小时才有可能成为专家。

上世纪90年代，诺贝尔经济学奖获得者，瑞典科学家霍伯·特西蒙和埃里克森就一起建立了一个"十年法则"，他们指出要在任何领域成为大师，一般需要花费10年以上的艰苦磨练。

要想成为大师，就要花10年以上的时间艰苦修炼。

中国传统文化里面也有"十年磨一剑"或者"十年树木，百年树人"的说法。

与李白有关的《铁杵磨成针》故事，也说明了这个道理。

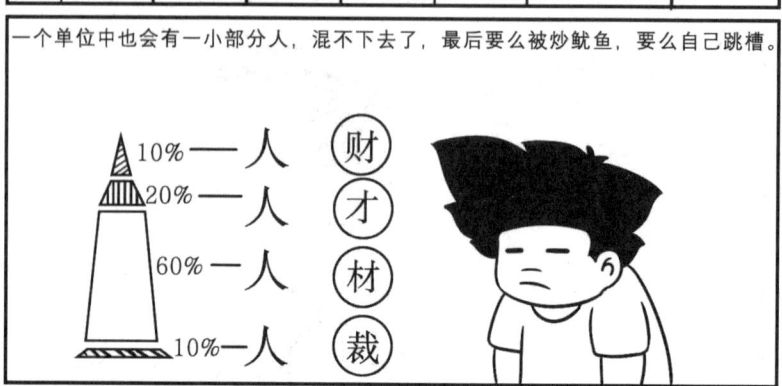

第七章 知策

要做哪种肉?

毕业当年的应届生是鲜肉

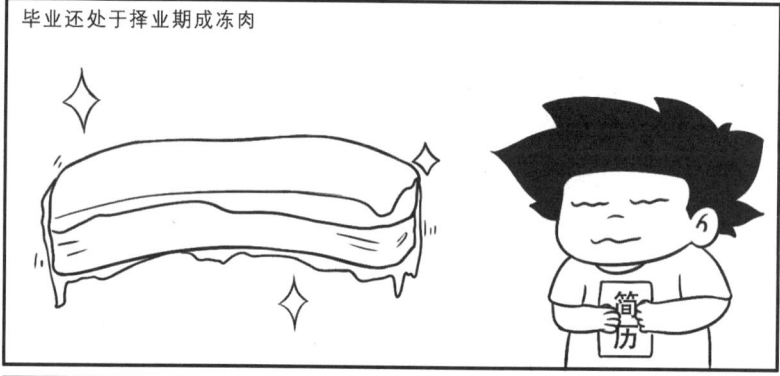
毕业还处于择业期成冻肉

过了择业期的会变成腊肉

鲜肉有口感,腊肉有风味,最尴尬的是冻肉

第一节 做最聪明的决定

报考公务员，找到"铁饭碗"

拿到高学历，争取"事业编"

找到好雇主，拥有"白领范"

创业促就业，自己"当老板"

做聪明的选择

第二节　无规划不成功

　　研究发现那些成功的人往往都是有长期时间观念的人。他们在做每天、每周、每月活动规划时，都会用长期的观点去考量。他们会规划五年、十年，甚至二十年的未来计划。换言之，他们是依据时间轴做出了发展规划，助力事业成长和人生成功。

　　如果说人来到世间，是父母给了第一次生命。生涯规划能赋予人生成功第二次生命。有规划的人生不一定都能所愿成真，没有规划，懵懵懂懂，随遇而安的人生注定不会有大的作为。

第二节　无规划不成功

本领为王

第二节　无规划不成功

态度决定视野——工作起点、辐射范围和收获预期。

态度决定能力——自我评估、背景分析和投入程度。

态度决定机遇——工作内容、所处位置和发展前景。

态度决定成功——能力发挥、潜能挖掘和关键选择。

态度能决定一切

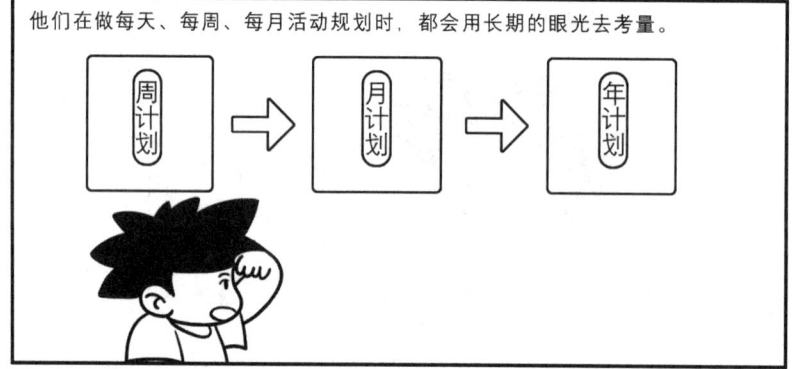

第二节 无规划不成功

如果说人来到世间,是父母给了第一次生命。

在成长中就要懂得生涯的阶段划分。

每个时期都有其特点和需要完成的使命。

生涯规划能赋予人生成功第二次生命。

第二次生命

无规划，不成功

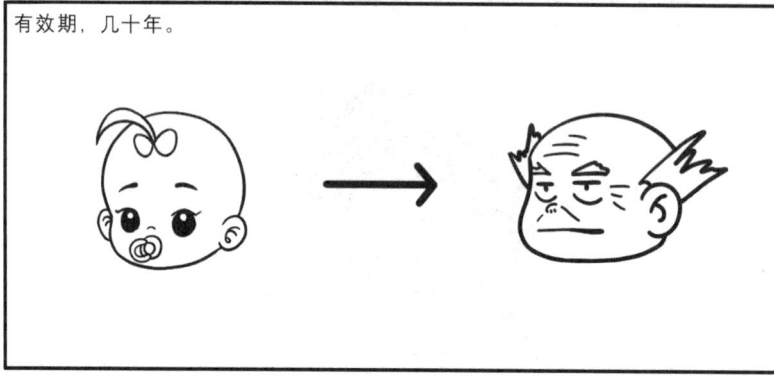

第三模块　生涯管理

职业生涯管理一般划分为组织职业生涯管理和自我职业生涯管理。其中自我职业生涯管理是指社会行动者在职业生命周期（从进入到退出职场）的全程中，由职业发展计划、职业策略、职业进入、职业变动和职业位置等一系列变量构成，内容非常丰富。本书侧重于自我职业生涯管理内容的简介，并且选取了求职行动和自我管理的具体内容，管中窥豹，引导和帮助大家了解职业生涯管理的基本内涵。

第八章　求职行动

　　职业生涯规划的再好，也要落脚在具体行动上。求职行动是重要的一步，是从就业意向到工作岗位的实质性跨越，是开启职业生涯发展之路的先决条件。

　　求职行动是建立在充分准备的基础上的，要有明确的职业目标定位，要有可供选择的有效就业信息，也要学会一定的方法技巧。既要有自己的自我认知和价值选择，也要了解工作职位要求和招聘流程。既要考虑个人意愿，也要考虑政策导向和国家需求。眼高手低、纸上谈兵都不行，要做求职行动的践行者。

第一节　先有伯乐后有千里马

韩愈说：世有伯乐，然后有千里马。千里马常有，而伯乐不常有。故虽有名马，祇辱于奴隶人之手，骈死于槽枥之间，不以千里称也。大学毕业生往往以千里马自居，就业期望值高，待价而沽。但是这些年就业形势严峻，就业竞争加剧，大学生就业也从买方市场走向卖方市场，成为"普通劳动者"。

就个人求职择业而言，不能狂妄自大，也不要妄自菲薄，除了重视提升自身的就业竞争优势，也要注重选择适合自己的单位类型和工作岗位。不是大家蜂拥而至都要去争夺所谓"精英岗位"，选择适合自己的才是最好的。

第八章 求职行动

第一节 先有伯乐后有千里马

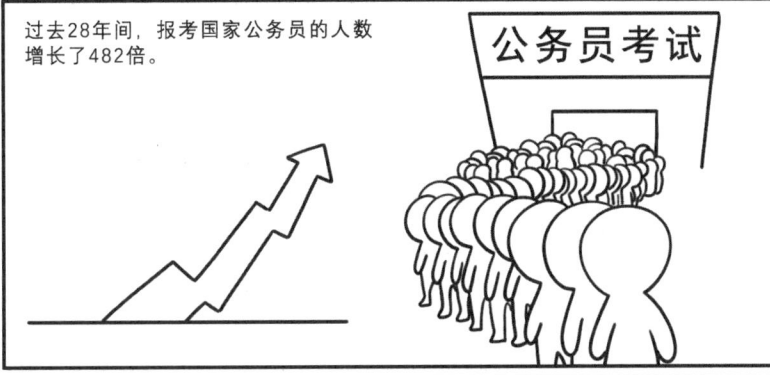

第一节　先有伯乐后有千里马

企业招聘

第一节　先有伯乐后有千里马

第八章 求职行动

「顶天立地」

所谓"顶天",就是要求高校毕业生在毕业以后能够进入到国家的重点领域、重大项目和重要部门去发挥作用。

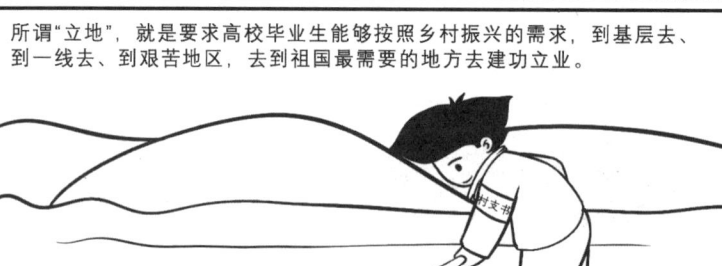

所谓"立地",就是要求高校毕业生能够按照乡村振兴的需求,到基层去、到一线去、到艰苦地区,去到祖国最需要的地方去建功立业。

现实情况是,很多毕业生虽然心向往之,却达不到"顶天"的要求,又因为就业期望值高不愿到基层去工作。

基层太艰苦了,我不去!

顶天立地没做到,悬在半空拼命卷。

我要考研,我不能睡。

第一节　先有伯乐后有千里马

最强对手

第二节 做行动的巨人

陆游说：纸上得来终觉浅，绝知此事要躬行。一个人求职择业前想清楚自己的内心追求，确定目标就有了行动的方向。还要按照适合、喜欢、能干、可干的标准去综合考虑方案并逐步去实施。求职择业过程中要掌握和运用制作简历、笔试、面试的方法与技巧，助力竞聘成功。

第二节 做行动的巨人

毕业"自问"

职业选择依据

适合的——考虑性格特点、价值取向寻找适合的岗位。

我到底适合干啥?

喜欢的——根据职业兴趣、个人爱好选择喜欢的行业。

我对这个感兴趣!

能干的——按照职业素养、工作能力去干能做的工作。

我得想想我能干点儿啥。

可干的——参考环境条件、社会因素不做违法的事情。

不能铤而走险,打法律擦边球。

第八章 求职行动

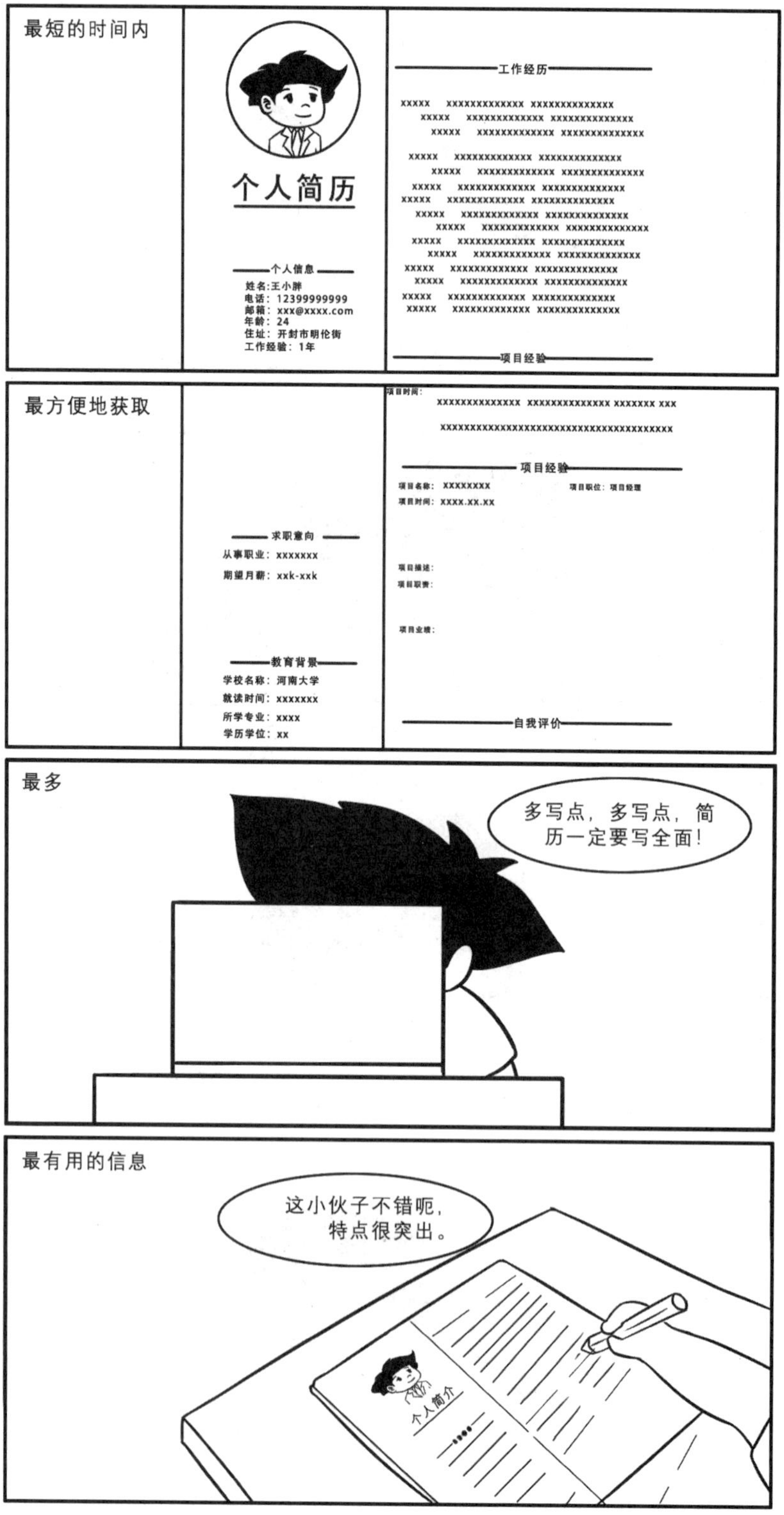

四、「最」原则

最短的时间内

最方便地获取

最多

多写点，多写点，简历一定要写全面！

最有用的信息

这小伙子不错呃，特点很突出。

第二节 做行动的巨人

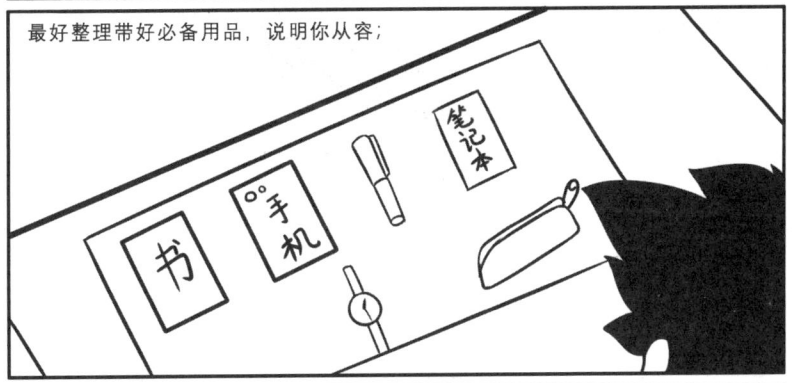

准备面试

第八章 求职行动

永恒的微笑

微笑是一张名片

微笑就是你的标志

微笑是一种胸襟

成功的面试从微笑开始

职业的微笑是可以训练出来的

第二节　做行动的巨人

『目中无人』

197

第八章　求职行动

回答问题

第二节　做行动的巨人

谈谈缺点

第九章　自我管理

　　有人说：自我管理就是搭建自己的规则和系统，让人生轨迹更有效地符合预期地运行。它是个人职业生涯规划能够逐步实施并走向人生成功的保障。自我管理的内容非常丰富，我们考虑最多、影响最大的包括时间管理、压力管理和情绪管理。了解和认知这些方面的相关理论知识，结合个人的实际，去搭建自己的规则和系统，就能够为个人规划按照预期发展提供支撑。

第一节 时间都去哪了

时间对每个人既公平有不公平。在有限的生涯中,能够用于职业活动的时间其实少得可怜。遗憾的是并不是每个人都能认识到提高效率、更好利用时间的重要性。尤其是如影随形的拖延症,只能让人在事后追悔莫及。日常生活中养成良好的时间管理的习惯,就能在有限的时间内实现更多的人生梦想。

第一节 时间都去哪了

时间就是生命

第九章 自我管理

时间账单

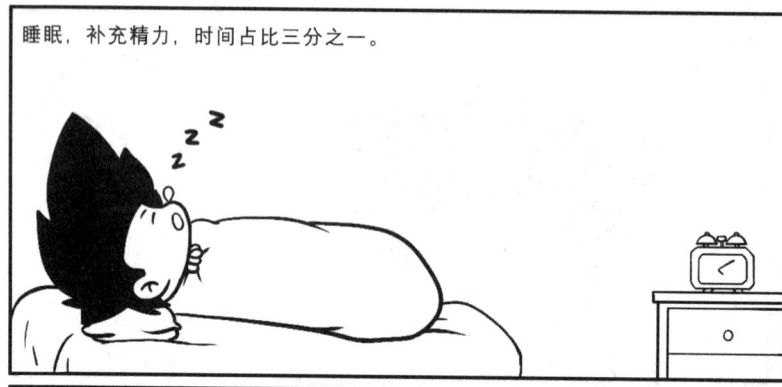
睡眠，补充精力，时间占比三分之一。

饮食，补充能量，需要用时八分之一。

如厕，维持平衡，需要用时十二分之一。

工作，自我实现，只占人生的六分之一。

第一节 时间都去哪了

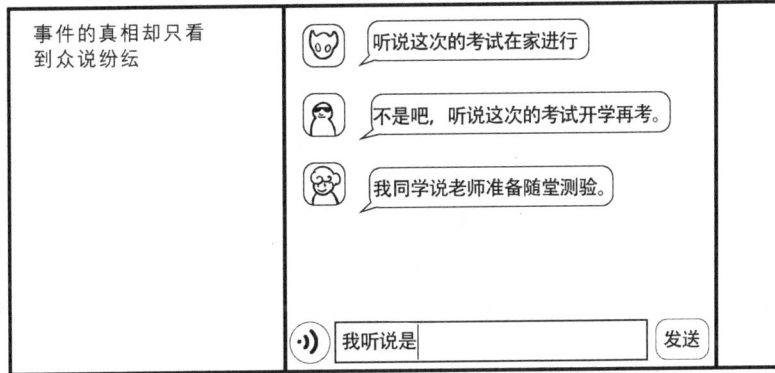

碎片阅读

第九章 自我管理

「手机控」

一分钟，回复一条信息。

五分钟，只能浏览新闻。

半小时，视频聊天互动。

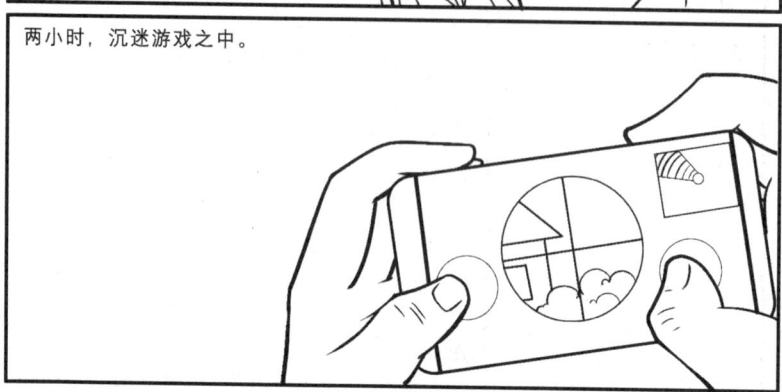

两小时，沉迷游戏之中。

第一节 时间都去哪了

拖延症

第九章 自我管理

第一节 时间都去哪了

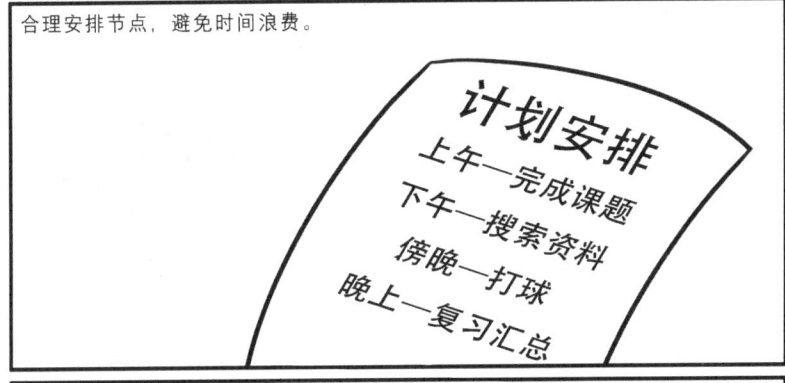

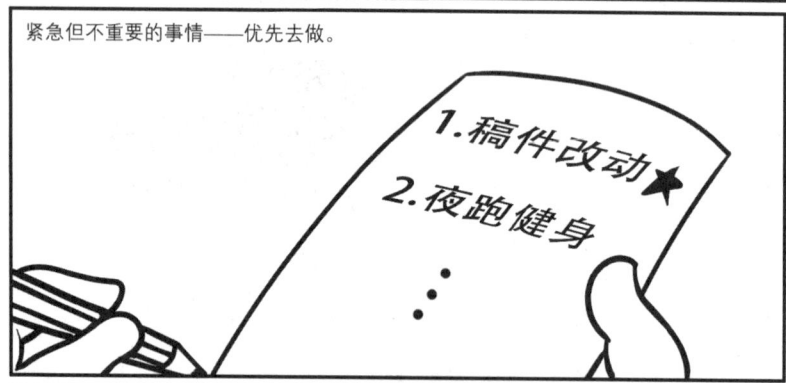

第二节　为什么压力山大

学习、生活和工作的压力无处不在。压力是一把"双刃剑",恶性压力会带来损害,需要学会疏导;良性压力可以转化为动力,甚至成为激发潜能的影响因素。在应对和处理压力问题上,个人的认识和态度很重要。

第二节 为什么压力山大

压力是心理和生理的一种失衡状态，会给人带来一定程度的不适感。

良性压力可以促使人变压力为动力，更加集中注意力、提高工作动机、引发正向情绪、增加成功后的成就感。

我一定要变压力为动力！

恶性压力是超越了一个人心理和生理可以承受限度的影响因素，不妥善处理会带来问题，如生理上出现疾病症状，心理上出现无助、灰心、绝望和悲伤等情绪。

压力好大啊~真的受不了！

人人都有潜能，有时候巨大压力可能是激发潜能的机会。

「双刃剑」

第九章 自我管理

南瓜实验

有人用很多铁圈将一个小南瓜整个箍住，以观察当南瓜逐渐长大对铁圈能产生多大压力。

随着南瓜生长，人们几经调整，发现南瓜能够承受的压力远远大于预期。

出乎意料啊！

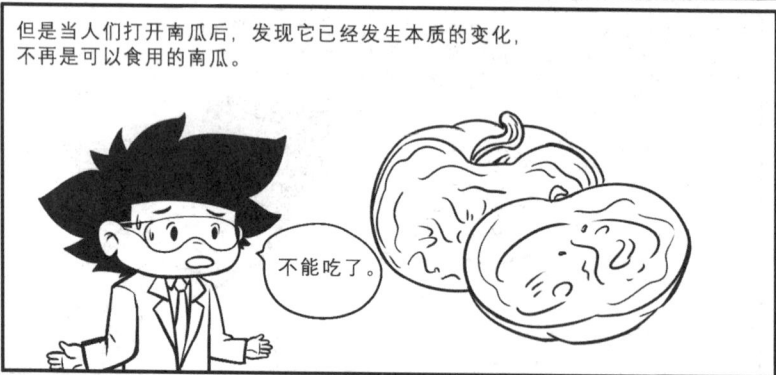

但是当人们打开南瓜后，发现它已经发生本质的变化，不再是可以食用的南瓜。

不能吃了。

在巨大压力作用下，南瓜里面充满了坚韧牢固的层层纤维，试图想突破包围它的铁圈。为了吸收更多养分，它的根系更加发达、伸展更远。

第二节 为什么压力山大

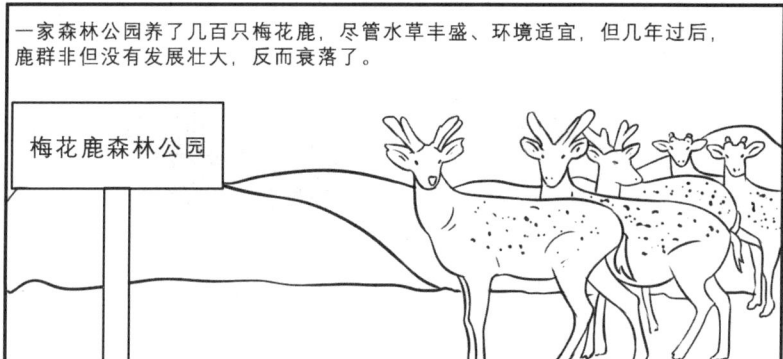

一家森林公园养了几百只梅花鹿，尽管水草丰盛、环境适宜，但几年过后，鹿群非但没有发展壮大，反而衰落了。

梅花鹿森林公园

管理者买来十几只狼放到森林公园里，给鹿群的生存带来了压力。

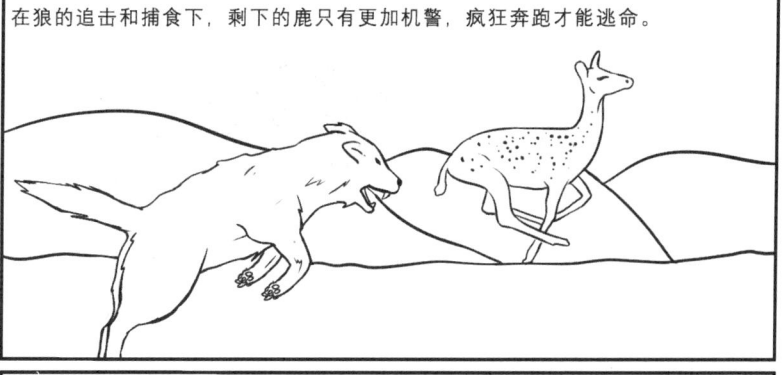

在狼的追击和捕食下，剩下的鹿只有更加机警、疯狂奔跑才能逃命。

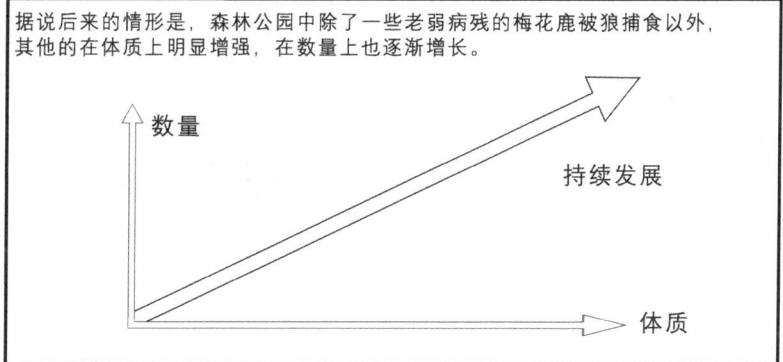

据说后来的情形是，森林公园中除了一些老弱病残的梅花鹿被狼捕食以外，其他的在体质上明显增强，在数量上也逐渐增长。

数量　　持续发展　　体质

动物世界

第二节 为什么压力山大

压力来源

学业压力——为考试及格奋斗。

同学交往——谁没有点小脾气。

情感问题——是否表白我心意。

前途忧虑——毕业之后何处去。

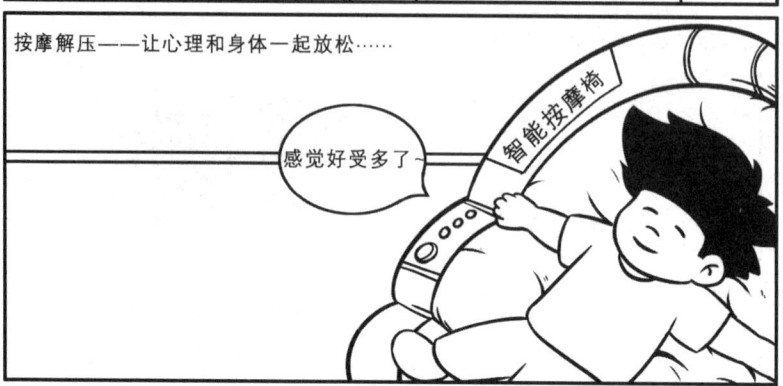

第二节 为什么压力山大

有的人像卷心菜，看着鲜活招展的样子，煮水之后变得稀松、衰败；

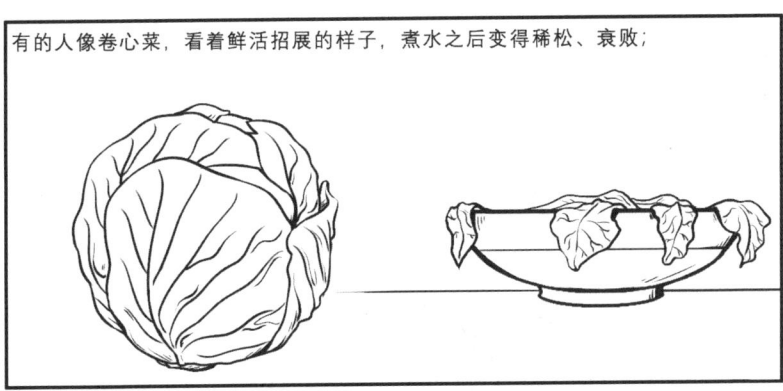

有的人像胡萝卜，貌似强壮坚硬的身躯，煮水之后变得软弱、自卑；

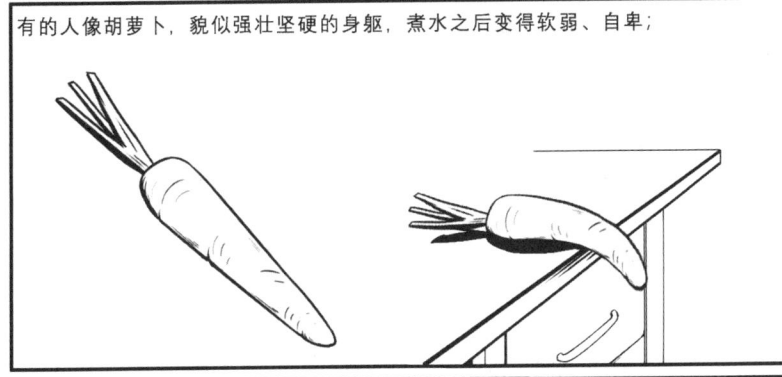

有的人像土鸡蛋，原本柔弱善良的内心，煮水之后变得坚硬、麻木；

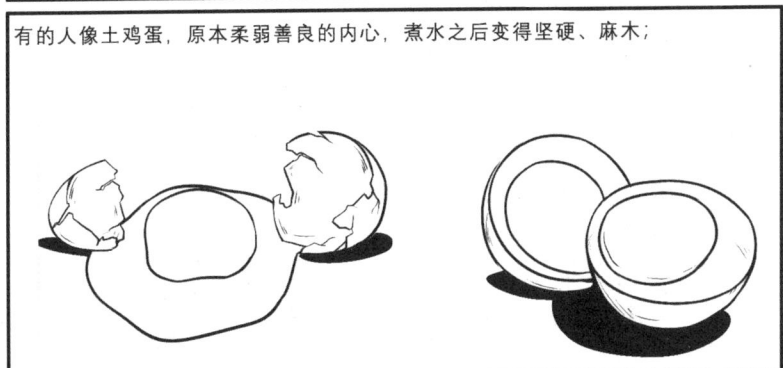

有的人像咖啡豆，原来朴实无华的个性，煮水之后变得醇厚、浓烈。

「煮水论英雄」

第三节　做情绪的主人

人是自然界最高级的动物，用聪明的大脑进行思考，情绪表达十分微妙，大大超越可以用语言表达的范围。

情绪无好坏之分，由情绪引发的行为与后果却有好坏之分。人在控制好情绪的时候，心态平和，沉稳冷静，能够更好的处理事务；反之，可能出现不良行为，甚至出现"野马效应"的过激举动。

情绪不可能被消灭，要学会方法，对情绪进行疏导、管理和适度控制，做自己情绪的主人。

第三节 做情绪的主人

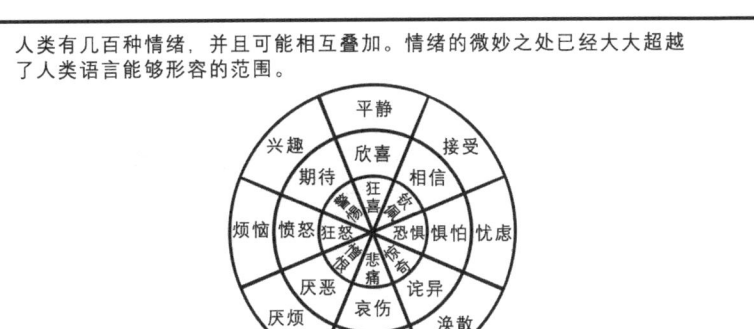

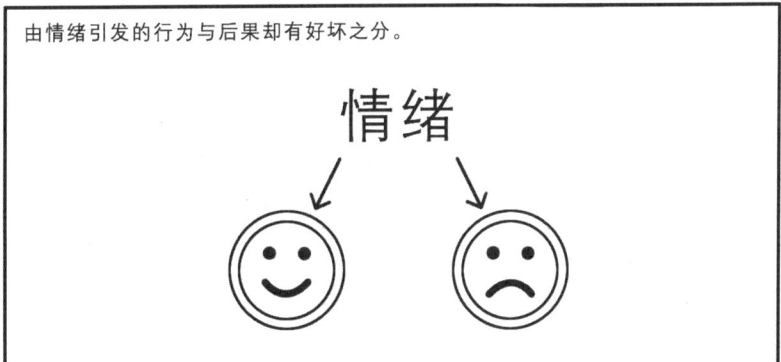

「七情六欲」

第九章 自我管理

野马效应

非洲草原有一种吸血蝙蝠，
经常在野马身上吸血，
有些野马会在蝙蝠的袭击下丧生。

其实蝙蝠的吸血量对于野马来说根本微不足道，
究竟是什么原因导致野马丧生呢？

少这么点血怎么就不行了呢？

研究发现，野马在受到吸血蝙蝠的袭击后，
会因愤怒、恐惧不停地疯狂甩尾、蹦跳和狂奔，
最后力竭而亡。

受到袭击
↓
愤怒 ＋ 恐惧
＝
失控！

"野马效应"的启示在于，很多时候，
打败一些人不在问题本身，
而是因问题产生的情绪。
失控的情绪会像一匹脱缰的野马，
会把他们带入危险境地。

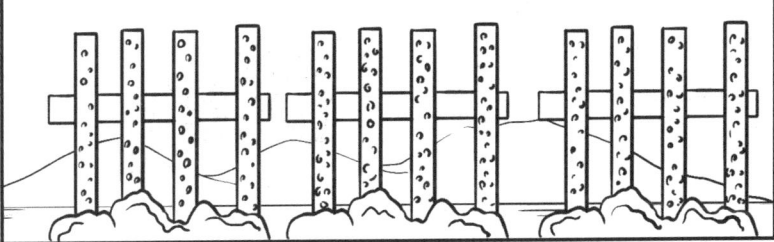

情绪「传染」

有个学生心情不好，在路边遇到一条小狗便狠狠踢去，吓得小狗狼狈逃窜。

小狗受了惊吓，朝一个女子狂吠。

心情不好的女子回家后不停埋怨自己的丈夫。
看见你就烦！！

第二天，身为老师的丈夫对自己一个不长进的学生进行一顿臭批，他就是昨天那个踢狗的学生！
朽木不可雕也！

合理宣泄——哭泣、运动、倾诉都是可以选用的途径。

音乐疗法——不同的音乐旋律,可以分别起到镇静、兴奋、止痛、降压等辅助患者康复和治疗的作用。

多吃抗压食物——有的水果具有减轻心理压力、排解紧张、提高注意力、解除忧郁以及镇静等功效。

改变想法——如果采用开放、弹性的思维方式思考问题,每一种困惑都可以找到解决方案。

第四模块　生涯发展

老子说：合抱之木，生于毫末；九层之台，起于累土；千里之行，始于足下。一切职业生涯规划的目的都是为了更好的促进职业发展。

职业生活不同于学习生活，职场小白在初涉职场的时候要有推动自己不断提升的计划，顺势而为，健康成长。从长远看，要学会终生学习，有明确的发展方案。

工作不仅是一份"营生"，它需要终生全力去经营。"杜拉拉升职记"不是一个职场神话，普通人也可以创造属于自己的辉煌未来。

第十章　提升方案

　　罗曼.罗兰说：每一个人都多多少少有点惰性，一个人的意志力量不够推动他自己，他就失败，谁最能推动自己，谁就最先得到成功。良好的开端是成功的一半，初涉职场，做好个人提升方案，不畏挫折，勇敢前行，迎接一个属于自己的美好未来。

第一节　职场小白不相信眼泪

从入职准备到职场适应需要一个过程。这个过程进展的是否顺利，取决于个人思想认知和能力素养，体现在职业价值观树立和对新人职场攻略的运用。初涉职场会有很多的困难和挫折，甚至是痛苦，这不单纯是相不相信眼泪的问题。

第十章 提升方案

入职准备

第一节 职场小白不相信眼泪

职场适应

第十章 提升方案

职场「潜规则」

第一节 职场小白不相信眼泪

职场新人攻略

第一节 职场小白不相信眼泪

第一节 职场小白不相信眼泪

第十章 提升方案

读万卷书行万里路

第一节 职场小白不相信眼泪

一览众山小

第十一章　发展规划

　　戴尔.卡耐基说：多数人都拥有自己不了解的能力和机会，都有可能做到未曾梦想的事情。以梦为马，不负韶华，人在年轻的时候充满无限可能，要按照发展计划，认真经营，推动职业发展，逐步实现人生成功。

第一节　也做职场"杜拉拉"

《杜拉拉升职记》原本是一本爱情小说,却因为女主角杜拉拉的职场遭遇与成长,被年轻人奉为职场"宝典"。职业发展过程充满挑战,可能面对各种困难和问题,要树立信心,保持积极进取的状态,每个人都能做职场"杜拉拉",历经艰难,赢在终点。

第十一章 发展规划

经营「营生」

职业是人自我实现最好的途径之一。

我通过工作完成自我实现!

人通过干称职的工作,才会感到最大的快乐,最大可能实现人生成功。

新的工作让我有很多的收获,通过自己的努力完成工作,让我有很大的成就感!

"杜拉拉升职记"不是一个职场神话,普通人也可以。

工作不仅是一份"营生",它需要全力去经营。

努力!奋斗!

一周计划

第一节 也做职场"杜拉拉"

第十一章 发展规划

腾讯员工发展「双通道」

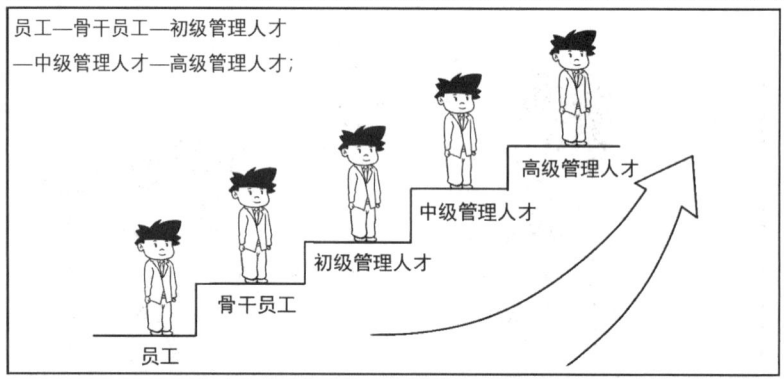

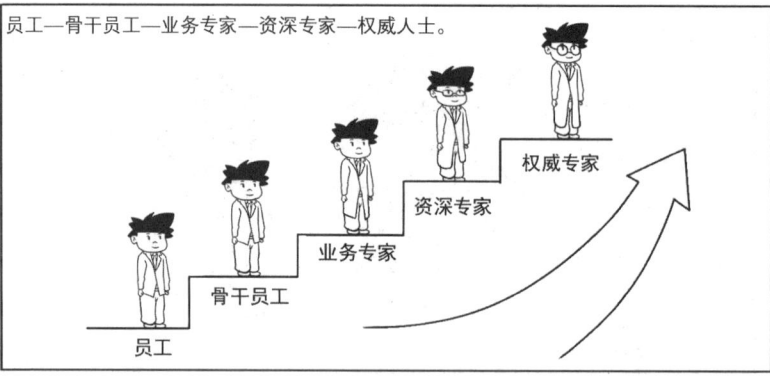

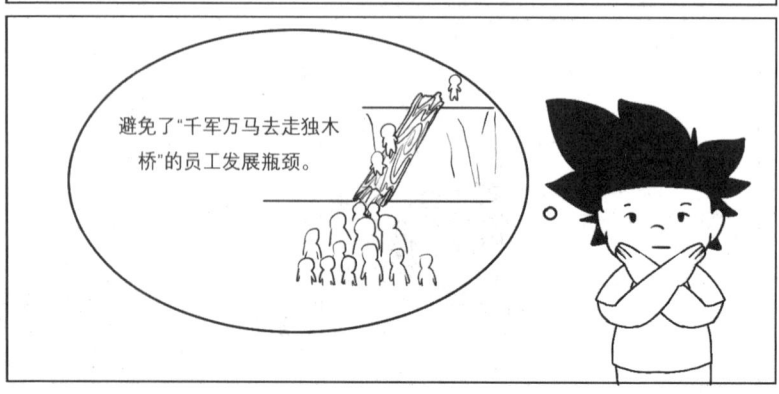

第一节 也做职场"杜拉拉"

职场「四忌」

第一节 也做职场"杜拉拉"

发展陷阱

第一节 也做职场"杜拉拉"

社交活动

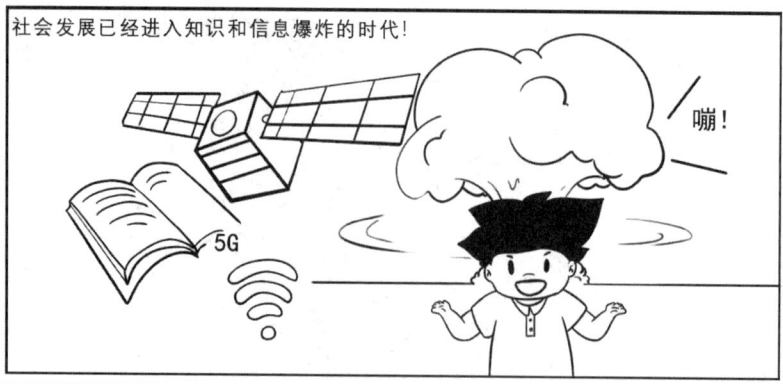

第一节 也做职场"杜拉拉"

赢在终点

后 记

  历时了半年多的时间，数易其稿，我与美术学院视觉传达设计专业的马晗冰、王晨星、项俊杰三位小伙伴终于合作完成了《从现在开始决定未来——漫话职业生涯规划与发展》的创作。它将与新编写的教材、课程思政读本、《大学生涯管理档案》等材料一起，成为新学期《大学生职业生涯规划》课程的学习辅助读本，同时也作为一本职业生涯规划与发展的科普读物向社会发行。这既是我们持续推进我校《大学生职业生涯规划》教学改革，加强省级金课建设的有益尝试，也是我们采取更加丰富的内容与形式，吸引更多人关注大中学生职业生涯发展教育与就业指导的不懈探索。脚本创作是本人独立进行的，主要以过去10余年间教学、讲座、咨询等积累的资料为基础，为了方便阅读理解，体例和教材基本保持一致。三位小伙伴利用专业所学，力图用漫画形式表达脚本的含义，让读本更具趣味性和吸引力。限于我们理论水平和创作能力，对一些资料的引用筛选未必全面详尽，表达的意思和理念也未必完全科学精准，意在启发读者的思考，请大家多多理解包涵。

  在此一并向本书创作过程中给予关心、支持和帮助的各位领导、老师、同事、学生和家人表示由衷的感谢！

李从国

2022 年 8 月 24 日